교육사회학

Sociology of Education

교육사회학

김희수 · 홍성훈 · 최정선 · 이정미 공저

동문사

Preface
들어가는 말

이 책은 대학에서 교직과정을 이수하고 있는 다양한 전공영역의 예비교사들이 교직의 기초가 되는 교육사회학을 폭넓게 이해할 수 있는 기초를 제공하고자 집필하였다.

교육사회학은 교육의 제 현상을 사회학적 관점에서 접근하려는 학문이다. 저자는 이 점을 감안하여 교육사회학의 이론과 한국교육의 사회적 특성을 함께 제시하는 데 중점을 두었다. '이론 없는 실재'는 인식 수준을 가볍게 하고, '실재 없는 이론'은 현실을 외면하기 때문이다. 이론과 실재는 언제나 함께해야 할 동전의 양면과 같다.

이 책은 교육의 본질을 이해하고 교육현상을 보다 다양한 관점에서 파악해 보려고 시도하는 예비교사들이, 장차 교원으로서 전문적인 지식과 소양을 갖출 교직과목의 하나인 교육사회학 개론서이다. 이를테면, 교육사회학을 처음 접하는 예비교사들의 이해를 돕기 위하여 기초적이고 핵심적인 내용만을 엄선하고 정제하여 알기 쉽도록 집필한 입문서인 셈이다.

이러한 노력에도 불구하고, 이 책을 통해 공부할 예비교사들이 교육사회학을 이해하는 데 도움이 될 수 있을지 걱정이 앞선다. 저자는 그동안의 강의 경험과 생각을 촘촘히 정리하고 다듬어 핵심적인 내용위주로 쉽고도 지루하지 않게 작성하려고 무던히도 애썼다. 바라건대, 이 책을 가지고 공부하는 예비교사들이 교육사회학의 기초지식을 쌓는 데 조금이라도 도움이 되었으면 하는 바람이다. 나름 한국교육의 올바른 이해를 높이기 위해 한국교육의 사회학적 맥락과 중요한 주제, 그리고 교육정책에 관한 내용을 중점적으로 다루었음이다.

이 책은 한 학기 수업이 대부분 대학이 15주인 점을 감안하였다. 15주 중에서 2회 정도의 시험, 2~3개 단원(chapter)의 분할수업 등 수업의 다양성을 고려하여 10

개장으로 압축·구성하였다. 1~6장은 교육사회학의 기본개념을 김희수 교수가, 7~9장은 사회와 교육의 관계에 대하여 홍성훈 교수가, 10장은 교육의 새로운 사회학적 패러다임을 최정선 교수와 이정미 교수가 공동 집필하였다.

탈고를 하고 나니 욕심이었을 뿐, 예초 생각했던 집필목적에는 미치지 못한 것 같아 못내 아쉬움으로 남는다. 다음 기회에 미흡한 점은 좀 더 보완하고 보충할 것임을 약속드린다. 독자 여러분의 많은 조언과 관심을 부탁드린다.

집필과정에서 많은 분들의 도움을 받았다. 그 분들의 진심 어린 도움은 이 책을 집필하는 데 큰 힘이 되었다. 공동 집필진인 건양대학교 홍성훈 교수님은 이론적 구성의 배치와 문맥의 흐름에 대해 특별히 많은 도움을 주셨고, 대구미래대학교 최정선 교수님과 동원과과학기술대학교 이정미 교수는 바쁘신 가운데서도 집필 참여는 물론, 각종 통계자료 수집 및 세세한 문장의 교열에 이르기까지 많은 도움을 주셨다. 감사의 마음을 전한다. 또 집필 시작부터 마무리까지 원고와 문맥교정을 도왔던 동원과학기술대학교 유아교육과 학생들에게도 감사드린다. 그리고 까다로운 요구에도 인내를 가지고 이 책이 세상에 빛을 보도록 도움을 주신 동문사 유재영 상무 및 편집부 관계자 여러분에게 감사의 마음을 전한다. 마지막으로, 이 책이 교육과 사회의 관계를 이해하는 교량이 되어, 한국교육에 작은 도움이 될 수 있길 기대해 본다.

2015년 8월

저자 대표

Contents

차 례

CHAPTER 01

교육사회학의 이해

학습주제

1. 교육과 사회
2. 교육사회학의 개념
3. 교육사회학의 연구과제

사고나 의식을 고찰할 때, 그것이 속한 집단의 역사·사회적 전체구조와 상관적으로 포착하여야 한다.

— 독일 사회학자 Manheim

1 교육과 사회

인간은 태어나는 순간부터 인간관계에 의한 삶이 시작된다. 부모와의 관계, 형제 자매와의 관계, 또래와의 관계로 발전하며 성장한다. 즉 인간은 사회적 존재라 할 수 있다. 사회관계(인간관계)가 없는 인간은 신적인 인간이거나 동물적인 인간일 수는 있어도 인간이라고 할 수는 없을 것이다.

인간은 결코 혼자서 고립하여 생존할 수 없으며, 나와 타인이 더불어 살아야 하는 것이 인간 생존의 절대적 명제라 할 수 있다. 우리를 떠나서 내가 있을 수 없고, 너 또한 존재할 수 없다, 즉 나는 우리 속의 나요, 너 또한 우리 속의 너인 것이다.

우리는 사회 속에서 태어나 사회적 영향력을 받고 자란다. 우리의 가치관 관습, 규범, 성격 등은 의식적·무의식적으로 사회관계(인간관계)의 그물망 속에서 형성된다. 사회와 독립적으로 보이는 한 개인의 의식과 성격도 거대한 사회 속에 포섭되어 나타난다(최정웅, 양경숙, 2006).

현대사회의 가치관, 의식, 행위양식은 조선시대와 명백한 차이가 있다. 같은 한국인이면서 차이가 발생하는 것은 시대가 요구하는 사회관계의 질적 영향력이 다르기 때문이다. 이를테면 같은 한국인이면서도 어렸을 때부터 상이한 장소에서 성장한다면 의식과 행위에서 많은 차이가 발생한다. 만일 동일한 당신이 한국과 독일 그리고 브라질에서 동시에 태어났다고 가정한다면, 그 각각은 동일한 가치관과 자아를 갖지는 못할 것이 분명하다. 한국과 독일 그리고 브라질의 사회적 영향력의 차이가 있기 때문이다. 동일한 사람이라도 태어난 장소와 시간의 위치에 따라 전혀 다른 사람이 될 수 있다. 이처럼 우리는 불가피하게 사회관계의 영향력에서 자라나고 성장한다. 우리의 자아와 의식형태도 사회관계의 구속력에서 벗어나기는 어려운 것이다.

그렇다면 인간은 왜 사회를 부정할 수 없는가? 그것은 역사적 실증적 사례를 통해서 검증되고 있다. 1779년 남프랑스의 아베롱(Aveyron) 숲 속에서 12~13세 가량의 소년을 발견한 이타르(Itard) 박사가 5년간 교육시킨 사례와, 1920년 인도의 싱(Singh)목사 부부에 의해 발견된 아말라(Amala)와 카말라(Kamala)의 자매에 관한 교육실천기가 바로 인간이 사회를 부정할 수 없는 한 예일 것이다(김희수, 2014). 발견 당시 이들의 모습을 보면 [그림 1-1]과 같다.

1779년 프랑스 아베롱 숲에서 12~13세 추정 소년 발견

발견 당시 모습

- 동물에 가까운 날카로운 발톱
- 직립보행 불가
- 본능적 파괴 및 공격성
- 사람을 두려워하고 공포감
- 감정, 사회성, 언어 불가

바닥에서 자는 아말라와 카말라

카말라

- 1920년 10월 인도 아말라(Amala)와 카말라(Kamala)라는 두 여아를 늑대 굴에서 구출, 싱(Singh) 목사 부부가 양육
- 발견 당시 두 여아는 육체만이 인간이었고, 행동은 늑대와 비슷함
- 아말라는 1년 이내에 죽었고, 카말라는 9년 후에 죽었는데, 그 동안 두 손으로 그릇을 잡는 데 1년 6개월, 직립보행을 하는 데 1년 6개월, 죽기 전에 9년 동안 배운 언어가 보통아 5~6세 수준

〔그림 1-1〕 발견 당시 소년과 소녀의 모습

인간은 사회 속에서 사회와 더불어 사회를 통해서 존재할 뿐만 아니라, 사회 또한 인간에 의한, 인간을 위한 인간사회이기 때문에 인간과 사회의 관계는 절대 필연적 관계이다. 사회는 시공간의 위치에 따라 개인의 자아와 가치관의 형성에 직접적인 영향을 준다. 인간은 사회관계를 벗어나 생각할 수 없다는 것이다. 그런데 사회관계라는 개념은 범위가 매우 넓다. 정치관계, 경제관계, 문화관계, 역사관계, 가족관계, 일상적 인간관계 등의 모든 복합적 요인을 포괄하고 있다. 우리는 이 모든 관계 속에서 영향을 받으며 형성된다. 이 모든 관계는 의식적·무의식적으로 우리의 가치관과 의식, 그리고 행동양식을 결정한다. 같은 한국인이면서 자라난 배경(예컨

대 한국, 독일, 브라질 등)에 따라 가치관이 다른 것은 이런 연유 때문이다. 결국 인간은 사회적 존재라는 것이다.

교육도 마찬가지이다. 교육은 사회 속에 분리되어 나타나는 것이 아니라, 사회관계에 의해 영향을 받으며 형성된다. 교육관계는 사회관계의 그물망을 벗어날 수 없고, 사회적 토대 위에 성립된다. 정치, 경제, 사회 문화, 가족 등의 관계도 역사적으로 강화된 사회관계에서 벗어날 수 없다. 엄격한 의미에서 이 모든 관계는 사회관계와 한 덩어리로 이루어졌다. 이 모든 관계가 독립적인 것처럼 보이는 것은 각각의 관계에서 요구하는 사회적 표현방식이 다르기 때문이다. 즉 사회관계망에 의해 형성된 가치관, 의식 등은 각각 요구하는 사회적 무대에서 외형상 다르게 표현될 뿐, 그 본질은 비슷한 성격을 가지고 있다.

특정의 사회적 가치관을 소유한 사람은 정치, 경제, 사회, 문화, 교육공간에서 필요로 하는 비슷한 사회적 반응을 한다. 그러므로 교육은 사회 속에 놓여 있으며, 사회관계에 의해 형성된다. 교육은 교사와 학생의 만남에서 출발한다. 교사와 학생은 교육의 틀을 벗어나면 사회인과 사회인으로서 조우한다. 교사와 학생은 사회적 배경과 자라난 환경이 달라서 선호하는 가치관과 의식 그리고 행위양식이 상이하게 형성되었다. 그렇기 때문에 이 둘은 의식적·무의식적 가치기준 판단이 다를 수밖에 없다. 교사와 학생은 자라 온 사회적 배경의 차이에 따라 교육관계가 형성되며, 그들의 만남은 곧 사회관계의 만남이 된다.

교육관계는 사회 속에 위치하고, 사회관계의 여타 요인과 결합되어 나타난다. 교육관계는 사회관계와 독립된 게 아니라 그것과 한 몸으로 이루어진 다른 이름이다. 즉 한국교육의 성격 속에 한국의 사회관계가 포함되어 있는 것이다. 한국의 독특한 교육적 가치관과 의식 등을 포괄하는 교육문화의 형성은 결국 사회관계에서 파생되었다. 교육과 사회는 밀접한 관련을 가질 수밖에 없다. 교육은 시공간적 위치에 따른 사회적 영향을 받으면서 다양한 형태로 변화해 왔다. 그래서 교육을 이해하기 위해서는 사회적 성격에 대한 이해가 선행되어야 한다. 교육의 사회적 성격에 대한 명확한 분석은 교육을 정확하게 이해하기 위한 지름길이다. 그런 의미에서 교육사회학은 '사회 속의 교육을, 교육 속의 사회를' 이해하기 위한 학문이라 할 수 있다.

2 교육사회학의 개념

그동안 많은 교육학자, 사회학자 그리고 이들의 상호 관계를 연구하는 교육사회학자들이 교육사회학의 개념을 정의하려고 시도해 왔다. 그러나 모두가 만족할 만한 성과를 거두지 못하고 있다. 개념의 정의에 대한 곤란성은 교육사회학이 교육학과 사회학의 주변적인 성격을 지니고 있다는 것과 그 연구 연한의 미천함 때문이다.

그럼에도 학자들은 교육사회학이 교육과 사회의 관계를 밝히기 위한 학문이라는 측면에서 동의를 한다. 교육사회학은 교육과 사회에 대하여 사회적으로 공감할 수 있는 근거를 제시해야 한다. 교육사회학은 객관화가 가능한 과학적 방법으로 교육과 사회의 제 문제를 밝히는 학문이다. 이를테면 교육사회학은 교육의 사회적 제 현상을 과학적으로 분석·설명·해석하여 합리적인 대안을 모색하기 위한 학문이며, '사회적 맥락 속에 교육'을 '교육적 맥락 속에 사회'를 밝히는 과학적 학문이라고 할 수 있다.

교육사회학이 추구하는 과학은 자연과학에서 추구하는 개념과는 다르다. 교육사회학은 사회과학에 의존하는데, 사회과학은 자연과학처럼 물리적 세계에 대해 자명하면서 객관적이고 변하지 않는 실증적 근거를 제시하지는 못한다. 사회과학은 자연과학의 물리적 입자와 달리 인간을 대상으로 하기 때문이다. 인간의 행동은 자연과학의 인과관계에 따라 움직이는 것이 아니라, 때로는 불규칙적이며 무형적으로 나타난다. 교육사회학의 과학은 축적된 일련의 지식인 이론적 기반 위에 논리적이고 체계적인 근거를 밝히는 것이다. 그러므로 교육사회학의 과학은 자연과학이 추구하는 개념과 차이날 수밖에 없다.

교육사회학은 이론적 기반 위에서 논리적이고 체계적으로 교육과 사회의 연관성을 밝히는 학문이다. 그리고 교육의 사회적 제 관계를 대상으로 하며, 그 분석 대상은 매우 광범위해진다. 교육과 관련된 모든 사회적 관계가 교육사회학의 학문적 범주에서 벗어날 수는 없으며, 교육의 사회적 관계에 대한 사회적 상상력이 필요하다. 그러므로 매우 단순한 것부터 사회학적 해석이 필요하다.

자동차는 그 좋은 예가 된다. 자동차는 단순히 운송수단이지만, 구한말에는 사회적 지위를 나타내는 사회적 지위의 상징물이었다. 오늘날에도 예외는 아니어서, 단지 자동차가 대중화된 것만 달라졌을 뿐이다. 지배층이나 부를 축적한 사람들은 단순히 자동차는 운송수단이 아니라, 신분적 우위를 나타내려 하기에 더 큰 차, 더 좋은 차를 선호하는 경향이 있다.

베블렌(Veblen, 1899)은 지나친 소비와 한가한 생활, 그리고 사치는 개인의 행위로 치부할 수 있지만, 그 이면을 보면 사실은 신분적 위세를 나타내기 위한 사회적 행위라고 하였다. 또한 베버(M. Weber)는 사치란 봉건지배계층에게는 낭비가 아니라 스스로를 사회적으로 과시하려는 수단 중의 하나라고 말하였다.

라캉(J. Lacan)은 인간의 욕망은 사회적 인정을 요구한다고 보았다. 사회의 인정 욕망은 신분적 차이의 욕망에 의해 구성된다. 우리의 사회적 행위 속에는 사회라는 대타자에게 인정받기 위해 신분적 차이를 나타내는 행위가 존재한다.

이런 연유에서 보드리야르(Baudrillard, 1972)는 인간의 욕구는 특정 사물에 대한 욕구가 아니라 사회적 차이에 대한 욕구가 이면에 작동하며, 일상생활의 작은 사물도 신분적 위세 차이를 상징하는 사회적 의미가 스며져 있다고 하였다.

일상생활의 단순한 개인적 행동에도 알게 모르게 사회관계가 숨어 있으며, 사회적 행위가 이루어진다. 따라서 교육사회학은 매우 단순한 교육적 사실에도 의문을 제기해야 하며, 사회적 연관성을 밝혀야 한다. 예컨대 유치원생은 어린 나이에도 불구하고 왜 혹독한 조기교육을 받는가, 초등학생은 학교교육을 마치고도 왜 끊임없이 사교육을 받는가, 왜 초등학생 때는 피아노와 미술 등의 예체능 과외를 받다가 중학생이 되면 교과교육에 중점을 두는가, 고 3학생들을 둔 가정에서는 왜 TV를 켜지 못하는가, 치맛바람과 촌지, 과외, 기러기 아빠 등의 교육문제를 완전히 해결할 수 없는가와 같은 물음이 제기된다면, 그 이면에는 학력(벌)주의라는 일시에 해결하기 어려운 사회관계가 이루어져 있음을 알 수 있다.

교육사회학이란 학문적 영역을 확대해 보면, 이는 매우 광범위해진다. 사회와 무관해 보이는 교실수업은 교사와 학생 간에 보이지 않는 사회적 역학관계가 숨어 있다. 객관화된 지식의 구성으로 보이는 교과서 역시 예외가 아니다. 교과서의 지식 구성 속에는 시대의 사회적 흐름과 권력관계가 개입되어 있다.

이러한 견해를 종합해 볼 때, 교육에 관한 사회학적인 연구가 교육사회학이라고 보는 것이 최근의 견해이다. 사회학은 인간에 대한 과학적 연구를 목표로 하는 학문이다. 사회학은 개인의 행동에 관심이 있는 심리학과는 달리 사회의 구조와 집단이 인간에게 미치는 영향과 그 상호관계를 연구하는 학문이다. 그러므로 교육사회학은 "교육에 대한 사회학적인 연구로서 교육체제와 교육의 과정에서 발생하는 집단의 관계를 사회학적인 연구에서 성취된 지식, 기술, 방법 등으로 연구하는 학문"이라고 정의할 수 있다.

3 교육사회학의 연구과제

교육사회학의 연구과제는 매우 넓다. 교육사회학은 교육에 대한 인간과 인간관계에 초점을 두기 때문에, 연구 범주는 어떻게 조망하느냐에 따라 다양해진다. 어느 사회에서나 교육은 중요한 사회적 기능을 담당하고 있기 때문이다. 학교는 한 사회의 가장 대표적인 기관이다. 교육의 사회적 기능은 해석하기에 따라 다양하게 전개될 수 있다. 교육사회학의 연구영역은 자연히 넓다고 할 수 있다. 심지어 그동안 무관하다고 생각한 교육과정과 교수-학습, 사이버교육 등의 영역도 교육사회학적으로 폭넓게 해석되어 새로운 시각을 제공해주고 있다.

교육사회학은 인간과 인간관계에 초점을 둔 학문적 성격으로 인해 대다수의 교육의 사회적 현상에 대한 해석적 능력을 가지고 있다. 교육사회학의 연구과제는 사회변화에 따라 다양하게 나타난다. 이는 시대의 흐름과 변화에 따라 새로운 과제에 대해 지속적으로 적응할 수 있는 탄력적인 학문적 성격을 가지고 있기 때문이다. 교육사회학의 연구과제는 접근하기에 따라 그 영역을 많이 넓힐 수 있지만, 이를 교육사회학의 기초적 지식을 이해하는 단계에서 모두 나열한다는 것은 무리가 있다(강창동, 2009).

따라서 이 장에서는 교육사회학의 전통적 주제와 교육의 사회적 현상에 대한 연구주제로 국한하여 제시하고자 한다. 이런 연구과제들은 교육사회학에 대한 학문적 성격과 용이하게 접근할 수 있는 이해의 실마리를 제공할 것이다. 교육사회학의 연구과제에 대한 이해를 돕기 위해 세 가지 영역으로 대별하여 제시하고자 한다.

첫째, 교육사회학의 독립적인 학문적 연구과제다. 이는 교육사회학의 이론적인 영역에 초점을 둔 것이다. 그 영역을 간단히 제시하면 ① 교육과 평등, ② 교육과 사회이동, ③ 교육과 사회변동, ④ 교육과 사회계급, ⑤ 교육과 재생산, ⑥ 교육과 사회적 지위, ⑦ 교육과 사회적 이해관계, ⑧ 교육의 사회적 기능, ⑨ 교육과 사회화, ⑩ 교육과 선발, ⑪ 교육과 문화, ⑫ 미래교육의 변화, ⑬ 교육정책 등의 대주제를 들 수 있다. 이 외에도 학교풍토와 조직, 학업성취, 지능검사 등에 대해서도 다루고 있다.

둘째, 교육사회학의 학문간 연구과제이다. 이는 교육학의 분과학문과 관련된 연구과제의 예를 열거한 것이다. 그 영역을 간단히 제시하면 ① 교실수업, ② 교과지식의 선정과 구성, ③ 교사와 학생의 상호작용, ④ 교사와 학생의 사회적 이해, ⑤ 교육의 사회사, ⑥ 교육의 사회사, ⑦ 사이버교육, ⑧ 교육과 평가, ⑨ 교육행정의 사회문화, ⑩ 학교입시제도 등이다.

셋째, 교육사회학의 사회현상적인 연구과제이다. 이는 사회 속에 나타나는 현실적인 교육의 사회적 현상에 초점을 둔 것이다. 그 영역을 몇 가지만 제시하면 ① 학력·학벌주의, ② 교육문화, ③ 교육열, ④ 교육정책, ⑤ 대학 입시교육, ⑥ 학교의 비인간화 교육, ⑦ 사교육비, ⑧ 과외교육, ⑨ 교육의 양극화, ⑩ 학교의 존지, ⑪ 강남 8학군, ⑫ 조기유학, ⑬ 기러기 아빠, ⑭ 대학수학능력시험, ⑮ 조기 교육 등이다.

생각 나눔

1. 교사가 교육사회학을 이해해야 할 이유가 무엇일지 설명해 봅시다.
2. 교육과 사회의 관계에 대하여 설명해 봅시다.

CHAPTER 02

사회화와 교육

학습주제

1. 사회화의 의미
2. 사회화와 교육의 관계
3. 사회화의 대행자
4. 사회화의 방법
5. 교육의 사회적 기능

바로 지금이 순간이다. 현재의 시간을 놓쳐 버릴 때, 그것은 바로 인생을 놓쳐 버리는 것이며, 그것은 또다시 되찾을 수 없는 영원한 것을 놓쳐 버린 것이다. 인간은 사회화 과정을 통해 내가 살아가는 길, 지금 이 순간을 사랑하게 된다.

— 사회학자 Althusser

1 사회화의 의미

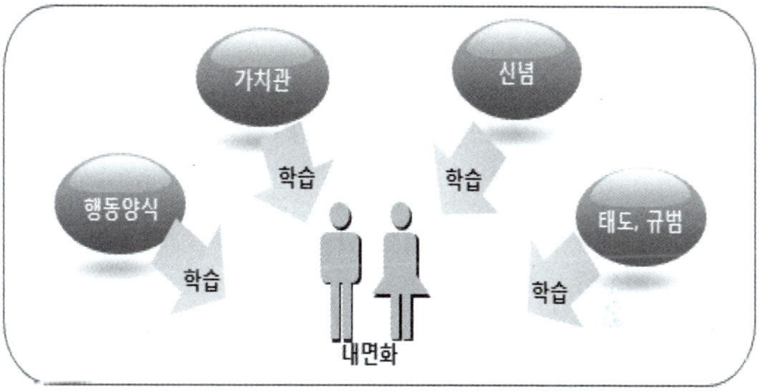

인간은 무기력한 자연적 존재로 이 세상에 태어나 점차 사회적, 문화적 존재로 성장해 가면서 그 사회의 구성원들과 상호작용하며, 새로운 지식, 기술, 태도, 규범, 가치 등을 배워 가게 된다. 이러한 인간의 사회적, 문화적 특성의 영향에 따라 영국 사람과 필리핀 사람, 그리고 한국 사람은 각각 다르게 사회화되어 가게 된다. 이와 같이 인간이 자기가 소속해 있는 사회집단의 행동양식, 가치관, 규범과 같은 문화를 학습하여 내면화하고, 자기 자신의 독특한 개성과 자아를 형성해 가는 과정을 사회화(socialization)라고 한다.

사회화는 사회적인 측면으로 보면 문화의 전달과정이다. 즉 무기력한 아동을 사회생활을 영위할 수 있는 한 사회구성원으로 성장시켜 가는 과정을 의미한다. 개인적인 측면으로는 개성의 형성과정으로 볼 수 있다. 한 개인이 그가 소속하고 있는 사회집단의 구성원들이 기대하는 것에 따라 그의 행동을 형성, 수정, 발달시켜 가는 사회적 학습 과정을 의미하기도 한다.

인류학자들은 사회화를 문화의 전달과정으로 이해하여 '문화화'(enculturation)라고 부르기도 하며, 사회심리학자들은 개인의 심리적인 측면을 강조하여 자아의 형성·발달과정으로 이해하기도 한다. 이러한 인간의 사회화는 가정, 동료, 학교, 직장, 교회 등 인간관계가 형성되는 사회 모두라는 개념의 넓은 의미의 교육적 과정과 같은 뜻이다. 그러므로 인간의 사회화 과정을 이해하는 것은 생물학적인 유기체가 인간다워지는 과정을 이해하는 길이 되고, 더 나아가 넓은 의미의 교육을 이해하는 길이 된다.

2 사회화와 교육의 관계

앞서 살펴보았듯이, 사회화(socialization)란 인간이 자기가 속한 사회집단의 행동양식·가치관·신념·태도·규범 등과 같은 문화를 학습하여 내면화하고, 자기 자신이 그 사회의 한 구성원이 되어가는 과정이라 할 수 있다. 이러한 사회는 개인과 사회의 상호작용의 과정이며, 전 생애를 통하여 계속 이루어진다.

뒤르켐(E. Durkheim)은 사회화를 사회성원이 공유하고 있는 관념, 행동유형, 태도와 가치체계를 망라해서 학습해가는 과정이라고 정의하였고, 쿨리(C. H. Cooley)는 자아와 타인과의 접촉에서 사회적으로 형성되는 모든 것을 사회화로 보았다. 즉 자신과 직접적으로 상호작용하는 특정인의 태도를 취득하는 과정으로 본 것이다. 여기서 교육과 사회화의 개념상의 차이를 간단히 지적할 필요성이 있을 것 같다.

사회화는 인간의 기본적인 습관의 학습이나 생활양식의 모방 등 사회적 발달과 관계되는 자연적인 생활과정이며 무의도적인 학습인 것이다. 반면에 교육은 인간의 가치형성, 인격완성에 관련된 의도적·목적적 행위라고 할 수 있다. 하지만 교육이나 학습이 엄밀한 의미에서 모방으로부터 시작된다고 전제할 때, 사회화와 교육을 뚜렷하게 구분하기란 여간 어려운 게 아니다.

학교라는 사회의 모든 활동 속에는 사회화 차원과 교육적 차원이 있다. 여기서는 사회화보다 교육이 더 넓은 개념이라는 입장을 취하고 있다. 왜냐하면 사회화가 특정 집단의 문화에 치중함으로써 다른 집단의 사회화와 배타적 관계를 가지는 데 비해서, 교육은 보다 넓은 세상을 편견 없이 보도록 함으로써 다른 집단의 교육과 많은 원리를 공유할 수 있기 때문이다. 예컨대 많은 사회가 아직까지 남성과 여성을 차별하는 방식의 사회화를 답습하고 있지만, 그것은 평등한 성문화의 정착을 위해서 바람직하지 않은 관행이다.

개인은 평생 하나 이상의 문화 또는 부분 문화를 배우게 되며, 또 다른 사회의 일원이 되어가는 것이다. 사회화의 목표를 완전히 성취하기란 결코 쉬운 일이 아니다. 그러나 사회구성원 모두가 보다 나은 사회공동체 형성을 위해 어떤 편견 없는 노력과 관심이 있어야 할 것이다.

3 사회화의 대행자

누가 사회화를 하는가 하는 문제가 사회화 기관 혹은 사회화 대행자의 문제이다. 사회화가 인간형성의 과정 그 자체를 의미하는 것이기 때문에 사회화의 대행자는 수없이 많다. 부모·친구·교사·이웃·친척·배우자·가정·학교·직장 등 수많은 사람들과 기관이 있다. 그러나 인간은 이러한 개인이나 기관에서만 배우는 것도 아니다. 영화·텔레비전·신문·라디오·잡지·인터넷 등 대중매체가 사회화의 촉진기관이 되기도 한다. 이러한 여러 가지의 사회화 기관을 크게 가정·학교·사회로 나누는 것이 보통이다. 어린이는 가정에서 이미 언어와 기본적인 생활태도 및 습관을 배운다. 그 후 유치원과 학교에 가서 친구들과 어떻게 어울리는가를 배우고, 교사라는 권위를 가지고 있는 사람을 어떻게 대하는가를 배운다. 또 시간을 지키고, 질서를 존중

인간적 요소

부모, 가족성원, 친구, 교사, 이웃, 목사,
친척, 배우자 등

장소적 요소

가정, 학교, 사회, 직장, 교회 등

내용 매체적 요소

신문, 잡지, 영화, 책, 매스컴, 인터넷 등

〔그림 2-1〕 사회화의 대행자

하며, 자기의 차례를 기다리고, 욕망을 억제하는 것을 배운다. 신문과 텔레비전을 통해서 사회가 돌아가는 모습을 알고, 영화를 보고 남녀관계를 배우며, 사회의 뒷골목이 어떤 것인가를 배운다. 그러나 여기서 지적하고 싶은 것은 사회화는 학교의 교사에 의해서만 이루어지지 않는다는 점과 가정·학교·사회의 개별 사회화의 대행자(agents)들이 서로 다른 방향으로 사회화를 촉진하는 경우, 이들 사이에서 갈등을 겪게 된다. 이들 사회화의 대행자는 대략 세 가지로 종합된다.

4 사회화의 방법

1) 인지학습

인지학습이란 새로운 행동과 심리적 특성들이 형성되고 변화하는 과정에 작용하는 내부적인 의식의 과정을 의미한다. 이것은 행동을 유발하고 행동의 방향과 강도를 조정하고 통제하는 기능을 담당한다. 이 학습은 외부의 자극요소를 어떻게 지각하고 이해하느냐 하는 인지적 과정을 중시하는데, 이 같은 인지과정을 거쳐서 가치관·도덕성·신념·태도·자아개념 등을 형성하여 사회적으로 의미 있는 행동을 학습하게 된다.

2) 모방학습

흔히 아동의 사회화는 부모, 형제, 자매의 행동을 모방함으로써 시작된다. 아들은 아버지를, 딸은 어머니의 행동 특성을 모방하게 되는 것이 일반적인 예이다. 학교에서 학생은 교사나 다른 학생의 행동을 모방하며, 드라마, 연극, 소설 등의 주인공 행동을 모방하여 사회적 행동을 학습한다.

모방학습은 인간의 학습유형 중 가장 기본적인 행동이다. 인간은 자기에게 유리한 이점을 주는 타인과의 보상을 주는 타인을 모형으로 삼게 된다. 그리고 칭찬과 보상을 얻기 위하여 그 타인의 행동을 모방하게 된다.

3) 모형학습

모형학습은 모방학습과 거의 같은 뜻을 갖는 학습의 형태이나 넓은 의미로 모방(modeling)할 타인을 어떻게 선택하느냐의 과정까지를 포함하며, 모방할 상대자를 선택하는 과정을 흔히 동일시(identification)라고 한다. 학자에 따라서는 동일시를 사회화와 같은 개념으로 해석하기도 하며, 모방과 구별하여 어떠한 모형의 대상인물을 선택하는 과정에 나타나는 한 현상으로 받아들인다.

어떤 개인은 많은 사람 중에서 모방할 인물로 선택하는 데는 많은 요인이 관련되지만 여러 연구결과에서 보상을 주는 사람, 모델로 삼지 않으면 거절당하거나 벌을 받게 될 가능성이 있는 사람, 지위나 권력이 높은 사람, 그리고 자기와 유사한 점이 있거나 의사소통이 잘 이루어지는 사람 등으로 제시하고 있다.

4) 역할학습

개인은 사회 속에서 어떤 지위를 부여받게 되고, 그 지위에는 사회적 기대가 따르기 때문이다. 이 같이 한 개인의 지위에 따른 사회적 기대를 역할 기대(role expectation)라고 하며, 이러한 역할을 학습하고 수행하는 과정이 역할학습이다.

역할학습은 학습자가 능동적인 입장에서 학습을 하게 되며, 인간관계가 형성되는 사회의 어느 곳에서나 이루어지는 사회적 학습이 한 형태이다. 역할학습은 지위에 부과되는 역할 기대가 분명할 때 촉진된다. 한 학생에게 부모가 요구하는 기대와 교사가 요구하는 기대가 일치할 때, 학습 후에 보상이 따를 때 등은 역할학습이 촉진되고, 그렇지 못할 경우에는 저해된다.

5) 자아형성

자아형성의 방법은 한 개인이 사회화 과정에서 외부의 규범이나 기준을 점진적으로 자기의 내부적 행동규범으로 바꾸어가는 방법을 의미한다. 일반적으로 행동표준이나 규범은 주로 문화나 사회에서 규정된다. 즉 사회적·문화적으로 규정되는 행동규범을 한 개인이 자기의 행동규범으로 바꾸어 자의적으로 수용하고 발달시켜 나가는 과정이다. 이것은 외부의 자극이나 영향보다는 자신이 무엇을 어떻게 해야 될 것인가를 스스로 확인하고 실천해 나가는 사회화 방법이다. 학자들에 의하면, 이러한 자아의식의 발달을 자아동일체감 혹은 자아정체감이라고 하였다. 이 같은 자아형성의 방법은 지금까지 가정에서 부모, 학교에서 교사와 동료, 그리고 직장에서 상사가 기타 주변의 지도자가 중개 역할을 해주던 사회화 역할을 자신이 스스로 내재적 가능성을 발휘하여 가는 과정이다(김병성, 1997).

5 교육의 사회적 기능

교육의 다양한 기능 중에서 가장 일반적인 사회적 기능으로서 사회화 기능, 문화유산의 전승 및 창조기능, 사회통제 및 통합의 기능, 사회적 선발 및 배분의 기능, 사회적 지위 이동의 기능, 사회변화 및 개혁의 기능을 들 수 있다. 이들 기능을 살펴보면 다음과 같다(권건일, 2000; 김정일 외, 2000; Bowles & Gintis, 1976).

1) 사회화 기능

하나의 사회가 공동체감(통일감)을 가지고 존속하고 발전하기 위해서는 그 사회를 구성하는 사람들 사이에 공통된 가치관이나 행동양식이 존재하지 않으면 안 된다. 학교교육은 의도적인 교수활동, 교사와 또래집단에 의한 모방과 동일시, 생활지도나 상담 등의 방법에 의해서 사회의 규범이나 가치관을 개인에게 심어주는 일을 보다 계획적으로 한다. 이것이 바로 교육의 사회화 기능이다. 즉 사회구성원으로 하여금 그 사회가 인정하고 요구하는 언어·사고·감정·가치·행동양식을 학습하게 하고, 건전한 사회생활을 할 수 있게 하는 기능은 교육의 중요한 사회적 기능이다.

교육은 이러한 사회적 기능을 통해서 사회구성원들을 통합하는 데 기여한다.

2) 문화유산 전승 및 창조기능

문화전승 기능은 일종의 교육의 사회화(socialization) 기능이다. 학교교육의 문화전승(文化傳承) 기능은 사회화의 기능, 사회적응, 사회유지 기능 등을 모두 포함하는 개념이다. 개인적인 차원에서 볼 때, 어린이들은 사회구성원으로서 인정을 받기 위해 그 사회에 적응하여야 하고, 그 사회에 적응을 하기 위해서는 그 사회가 공인하는 언어·사고·감정·가치·행동양식을 학습하여 내면화(internalization)해야 한다. 이러한 학습은 주로 학교교육을 통해서 이루어진다.

학교교육을 통해서 사람들은 각각 사회집단의 문화유산을 습득하고, 이를 계승한다. 이와 같은 문화유산의 습득, 계승의 과정은 학교교육에서 현재적 교육과정(顯在的 敎育課程)을 통하여 이루어지기도 하고, 잠재적 교육과정(潛在的 敎育課程)을 통해서 이루어지기도 한다. 사회적 유산으로서의 문화는 사회구성원들의 끊임없는 상호작용을 통한 학습에 의해 전달된다. 이 같이 개인으로부터 개인으로, 세대로부터 세대로, 사회로부터 사회로 일정한 문화내용이 전달되는 기능은 교육의 전통적이며 보수적 기능이다. 인류학자들은 이러한 과정을 <문화화>라고 한다.

그러나 문화에 대한 인간관계는 늘 기존의 문화체계와 사회적 유산을 수동적으로 학습하고 문화화하는 것만은 아니다. 문화의 축적은 새로운 사회문화를 개조, 발전시키는 가운데서 이루어지는 것이다. 이러한 문화의 창조, 발전의 기능은 교육의 적극적이고 창조적인 기능이기도 하다.

이처럼 교육은 그 사회의 전 세대가 가지고 있는 문화유산을 내면화하여 동화시키는 문화전수의 기능과 미래를 짊어질 젊은 세대에 대하여 행복과 발전을 지향하기 위한 진보의 시각을 가진 문화 창조라는 기능을 적절히 수행하지 않으면 안 된다.

3) 사회통제 및 통합의 기능

교육은 사회적 형성력을 통해서 사회통제와 사회통합의 기능을 수행한다. 학교교육을 통하여 개인은 시간과 규율을 지키고 순종성, 근면성과 같은 생활태도를 기른다. 그 사회가 요구하는 중핵가치, 규범, 태도 등을 습득함으로써 훌륭한 시민으로 사회에 가입하게 되는 것이다. 이처럼 사회는 학교교육을 통하여 안정과 질서를 유지한다.

국가가 의무교육제도의 확충을 통하여 국민의 지적 수준과 문화수준을 향상시킴으로써 새로운 국가목표를 일반화시키고, 국민형성을 꾀하는 것도 이러한 맥락에서 이해할 수 있다. 또한 학교는 교육을 통하여 학생들에게 개인적으로 지위나 권력이 불평등하게 배분되는 것을 정당화하고, 집단의 규범을 내면화시킴으로써 사회의 통제와 통합에 기여한다. 그러나 이러한 과정은 합의에 그 바탕을 두어야 한다.

4) 사회변화 및 개혁의 기능

사회는 교육을 통해서 안정과 질서를 유지하기도 하지만, 기존 사회를 개혁하고 혁신하는 힘도 교육으로부터 얻는다. 사회를 변화시키는 주체는 인간이다. 그런데 인간을 변화시키는 것은 교육이다. 그러므로 교육은 인간을 매개로 사회가 변화될 방향을 결정하고, 변화를 유도하며 변화를 촉진하기도 한다. 이것이 바로 교육의 사회변화 및 개혁의 기능이다. 교육의 사회화 기능이나 문화전달 기능이 교육의 수동적이고 소극적인 역할인 반면, 새로운 문화를 창조하고 사회의 변화를 꾀하는 교육의 기능은 교육의 적극적이고 능동적인 역할이다. 교육의 사회적 가치가 충분히 발휘될 수 있고, 그 덕택으로 사회가 바람직한 방향으로 발전하려면 교육이 사회에 대해서 행하는 소극적 역할과 적극적 역할이 어느 한쪽으로 치우침이 없이 조화를 이루어야 한다.

5) 사회적 지위이동의 기능

사회이동에는 두 가지 양상이 있다. 하나는 상하 지위나 상하 계층으로서의 이동을 의미하는 수직 이동이며, 다른 하나는 지위나 계층의 이동 없이 직종이나 지역적으로 이동하는 수평적 이동이다. 이와 같은 사회이동에는 여러 가지 요인이 작용한다. 그러나 근대사회 이후 사회적 지위나 계층 이동에 있어서 가장 중요한 역할을 해온 것은 교육이다. 특히 학교교육은 개인의 사회적 지위를 결정하는 데 가장 중요한 요인으로 작용한다. 학교교육이 가정 배경이나 개인적 능력 요인에 비하여 개인의 사회적 성공이나 지위 획득에 더 중요한 역할을 한다는 것은 학교교육과 사회적 지위의 관계에 관한 실증적 연구에 의해서 밝혀진 바 있다.

대부분의 사람들에게 교육은 계층이동의 통로로 간주되어 왔고, 신분상승을 꿈꾸는 사람들 대부분은 교육을 도구로 신분상승을 위한 자격이나 자질을 획득하려는 노력을 해왔다. 불우한 환경에서 가난하게 생활하는 많은 사람들이 높은 지위와 권력을 가지는 상류층으로 자리 잡기 위해 교육받고자 하였다. 우리나라의 경우 계층은 고정된 것이라는 통념이 한국전쟁 이후 무너졌고, 계층이동은 개인의 능력으로 여겨지게 되었다. 이에 따라 교육에 대한 요구도 높아지고, 실제로 교육을 통해서 계층이동이 이루어졌던 것도 사실이다.

6) 사회적 선발 및 배분의 기능

사회계층을 연구하는 대부분의 학자들은 사회계층을 분류하는 기준으로서 학력수준을 들고 있다. 또한 개방사회에서는 학교의 졸업장이 사회적 선발과 지위의 배분에 있어서 거의 결정적인 요인으로 작용하고 있다. 고도산업사회가 되면서 교육에 대한 인력의 요청이 불가피하게 되었다. 사회의 직업형태가 엄청나게 분화되어 공식적인 직업만도 수만 가지를 헤아리게 되었다. 어떤 사람들을 어떠한 사회적인 지위의 위치에 선발하여 배분하느냐의 문제가 제기되면서 학력은 그 증거로 중요시되게 되었다. 그러나 선발과 지위의 배분이 학력(學歷)에 의해서가 아니라 학력(學力)에 의해서 이루어지도록 국가와 사회는 노력해야 한다.

생각해 보기

1. 사회화의 필요성에 대하여 설명해 봅시다
2. 교육이 사회화에 어떤 기능과 역할을 하는지 생각해 봅시다.

CHAPTER

03

교육사회학의 이론과 교육

학습주제

1. 기능이론
2. 갈등이론
3. 기능이론과 갈등이론의 비교

인간은 사회 속에 존재하게 될 때 비로소 자신을 실현시킬 수 있다. 개인의 자아가 어떤 소속감을 가지려 하는 것은 개인의 본성이 요구하는 것이다. 왜냐하면 인간은 사회학적인 동물이기 때문이다. 즉 인간 안에 있는 최선의 것은 사회로부터 부여받은 것이다. 이것은 사회가 개인 속에 내재해 있고 융화되어 있으며 가장 중요한 부분이 되기 때문이다. 따라서 사회와 개인 사이에는 가장 강하고 친밀한 관계가 생기게 되는 것이다.

— 사회학자 Durkheim

교육사회학의 패러다임은 크게 거시적 접근과 미시적 접근으로 형성되어 왔다. 거시적 접근법은 사회는 독립적으로 존재하며, 사회 나름의 실체를 갖는다는 사고에 근거를 두고 있으며, 연구의 대상 및 분석의 출발점을 사회에 두는 것으로 사회 그 자체를 파악하는 접근법이라고 할 수 있다. 또한 이 이론들은 개인을 사회로부터 영향을 받아 움직이는 피동적인 존재로 바라본다. 거시적 접근법은 학교체제와 사회체제의 관계 속에서 교육현상을 파악하고자 하는 투입과 산출에 관심을 두고 있으며, 미시적 접근은 사회를 이해하기 위해서 그 사회 속의 개인의 사회적 행동이나 개인의 본질적인 행동 등을 개인으로부터 파악하고자 하는 것이다. 이 장에서는 교육사회학 이론 중에서도 기능이론과 갈등이론으로 한정하여 살펴보고자 한다(김신일, 2009; 이종각, 2004; 허은주, 2012; Bennett & LeCompte, 1990).

1 기능이론

1) 기능이론의 사회관

기능이론(functionalism)은 사회학의 대부로 불리는 콩트(Comte, 1798~1857)와 유기체설을 제시한 스펜서(Spencer, 1820~1903)까지 거슬러 올라가는 오랜 전통을 가지고 있다. 기능이론은 구조기능주의 또는 합의이론, 질서이론, 균등이론, 사회통합이론이라고도 부르며, 명칭에 따라 이론의 강조점은 다르다. 콩트(Comte)와 스펜서(Spencer)에 의하여 기초가 형성된 기능이론은 뒤르켐(Durkheim)과 파슨즈(Parsons)를 거쳐 사회학 이론으로 정립되었다. 사회의 목적은 사회질서와 안정의 유지에 있으며, 이를 위해 사회의 구조와 기능이 형성된다. 즉 사회구조는 질서와 안정을 유지하려 한다고 주장하였다. 이것을 구조기능주의라고 부르며, 이러한 구조기능주의가 더욱 발전한 것이 규범적 기능주의이다. 이는 사회 속의 다수 구성원들이 공유하는 공동의 가치 또는 규범의 존재에 따라 사회의 질서와 안정이 성취된다는 생각에 근거하여 규범을 강조하고 있기 때문에 규범적 기능주의라고 한다.

기능이론은 사회를 설명하는 주요 이론 중의 하나로, 사회는 각 부분 부분의 통합이며, 그들은 마치 생물학적 유기체와 같다고 보고 있다. 유기체는 순환기관, 소화기관, 호흡기관, 배설기관 등의 여러 기관으로 구성되어 있으며, 이들은 각각 자기가 맡은 역할을 수행하여 인체의 생존을 가능하게 한다. 각 기관은 인체로부터 떨어져서 생존할 수 없으며, 어느 한 기관이라도 결핍된다면 인체는 완벽한 활동을 할 수 없다. 그러므로 인체의 각 기관이 갖고 있는 고유한 기능을 수행함으로써 유기체의 생존이 보장받을 수 있는 것이다. 유기체의 활동은 항상 생존과 건강한 활동을 지향하며, 부분의 기능이 약화되면 이를 회복하기 위하여 모든 노력을 기울인다(김신일, 2009).

사회도 유기체와 같이 여러 부분, 즉 정치, 경제, 사회, 문화, 교육, 종교 등으로 나누어져 사회가 유지될 수 있도록 각자 맡은 역할을 충실하게 하고 있다고 본다. 사회의 존속을 위하여 필요한 기능을 수행하는 것이다. 또한 이들은 상호의존적으로 각자가 맡고 있는 역할을 수행하지 못했을 경우 다른 부분에 영향을 미쳐 사회가 안정적으로 유지되지 못한다고 설명한다. 예컨대 사람의 뇌가 기능을 상실했을 때 다른 신체적인 여러 기관에 영향을 미쳐 그 기능을 제대로 수행할 수 없는 것처럼 사회도 그렇다는 것이다. 이와 같이 사회는 인체와 같은 '구조'이며, 이 구조는 각각 맡은 '기능'을 수행하는 개인이나 집단들로 구성되어 있다고 본다.

기능이론의 주요 개념은 질서, 안정적 유지, 합의, 역할수행, 상호 보완, 부분의 전체에 대한 공헌, 통합성, 사회화 등이다. 즉 사회는 질서를 가지고 안정적으로 유지되어야 하며, 이를 위해 역할 수행이 필요하다. 사회를 유지하기 위해 필요한 법, 규칙, 규범, 가치, 신념, 각종 약속들은 사회구성원 전체의 합의에 의한 것이라고 본다. 따라서 새로운 세대들에게도 사회가 추구하는 가치관, 신념, 법, 규범, 규칙, 행동양식 등을 습득하도록 하여 사회가 유지되도록 사회화시켜야 한다고 주장한다. 사회질서라는 관점에서의 중요한 특징은 '균형'으로, 사회의 한 부분의 변화가 사회의 존속에 위협이 되지 않도록 하기 위해 다른 부분을 보상함으로써 균형을 통해 안정을 취하는 것이다.

이와 더불어 기능이론은 점진적 개량주의의 관점을 갖는다. 체제를 유지하기 위해 사회악이나 불평등 요소가 있다는 것은 인정하지만, 일시적이고 부분적인 체제의 부조화로 파악하며, 이러한 불평등은 체제의 안정적인 유지를 이루는 가운데 점진적으로 개선할 수 있다고 믿는다.

뿐만 아니라 기회균등과 업적주의 사회관을 갖고 있다. 신분사회처럼 세습적인 권위나 지위보다는 개인의 능력, 업적 및 노력의 정도에 따라 사회적 신분이 주어진다는 것이다. 이러한 사회에서 교육은 기회를 균등하게 제공하고 개인의 능력에 따라 선발되어 사회의 적재적소에 배치되는 가장 합리적인 기능을 수행하게 된다. 그렇기 때문에 교육의 합리적인 선발기능은 강조된다.

첫째, 사회는 부분 부분의 통합으로 이루어져 있으며, 사회의 모든 요소는 안정 지향적이다.

둘째, 사회의 각 요소들은 상호의존적이고 통합적인 기능을 한다.

셋째, 사회변화는 점진적으로 진행된다.

넷째, 사회체제를 유지하기 위하여 사회화를 통해 사회구성원들의 공동체의식을 강화한다.

다섯째, 사회의 가치, 규범, 관습 등은 구성원들의 합의에 의한 것이며, 보편적이고 객관적인 성격을 지니고 있다.

여섯째, 기회균등과 업적주의 사회관을 주장한다(이종각, 2004).

그러나 이러한 관점에서 사회를 설명하는 기능이론은 이념과 갈등, 이해관계를 둘러싼 집단 간의 이견과 대립을 과소평가하는 한편, 현상을 주어진 것으로 인정하는 현상유지적 입장을 지지한다. 질서유지를 내세워 체제유지 우선의 논리를 뒷받침하는 것이다(Durkheim, 1933).

그동안 기능이론은 순기능적 측면도 있었지만, 이론이 객관적이지 못하고 과학적이지 못하다는 비판을 받아 왔고, 기능이론은 기존체제의 유지, 즉 현상유지를 옹호한다는 비판 외에도 여러 관점에서 비판을 받고 있다. 기능이론에 대한 비판을 여덟 가지로 압축·정리하면 다음과 같다(Warshay, 1975). ① 존재하는 모든 사회조직을 기능적인 것으로 본다. ② 보수적이다. ③ 목적론에 빠져 있다. ④ 실증적이지 못하다. ⑤ 변화를 제대로 설명하지 못한다. ⑥ 구조나 성격과 같은 기본 변수를 소홀히 취급한다. ⑦ 권력투쟁, 갈등, 일탈행동 등을 제대로 설명하지 못하고 이런 현상을 범법행위 또는 병리현상으로 간주해 버린다. ⑧ 사회적 이념, 목표, 규범 등의 보편성과 합의성을 과장한다. 즉 다양한 관심과 이념, 그리고 갈등하는 이익집단이 많이 있다는 사실을 인식하지 못하고, 통합과 합의를 지나치게 강조한 나머지 집단 간의 갈등을 다루지 못하였다(김경식 외, 2004). 결국 기능이론은 사회의 역사적 변화과정을 올바로 설명하기 어렵고, 사회 내의 개인 간 또는 집단 간의 대립과 갈등들을 장면으로 다루지 않으며, 변화와 개혁보다는 현상유지를 지지한다는 비판을 면하지 못하고 있다(김신일, 2009).

2) 기능이론의 교육관

기능주의는 교육과 사회관계를 긍정적으로 파악하고, 교육의 순기능을 강조한다. 기능이론에 따르면 교육은 사회를 유지하기 위한 문화유산 전달기능과 사회구성원을 하나로 응집시키는 사회통합기능, 개인의 업적과 능력에 따라 선발되어 사회적 지위를 얻을 수 있다고 생각하는 사회이동 및 선발기능, 사회가 요구하는 인력을 양성하고 공급하여 적재적소에 배치하여 역할을 수행하도록 돕는 사회충원 기능 등에 기여한다고 본다(허은주 외, 2012).

여기에서는 기능이론에서 강조하는 학교교육의 사회적 기능, 즉 전체사회에 대한 적응체제적 기능인 사회화 기능, 선발 및 배치의 기능 두 가지에 대하여 살펴본다.

우선 학교육의 사회화 기능 관점이다. 드리븐(Dreeben, 1977)은 사회화의 내용을 구체적으로 표현하여 사회적 규범으로 규정하고, 규범을 "상황별로 구체화된 행동의 표준으로서 개인들이 특정 상황에서 어떻게 행동하여야 하는지를 지시하는 원칙, 전제, 또는 기대들"이라고 정의하였다. 즉 학교는 독립규범, 예의규범, 성취규범, 보편주의 규범의 방법들을 적절히 동원하여 학생들에게 내면화시킨다는 것이다.

이처럼 학교교육의 목적은 본질적으로 기존 사회의 유지와 발전에 적응하기 위한 사회화, 즉 사회를 유지하는 데 필요한 태도, 가치, 규범 등을 다음 세대에 전수하는 데 있다. 이러한 관점에서 교육이 하는 일을 구체적으로 서술하면 다음과 같다(Bennett & LeCompte, 1990).

첫째, 교육은 지적 목적을 추구한다. 인지적 지식은 물론 종합하거나 평가하는 탐구능력도 습득시킨다. 사회를 유지·존속시키는 데 필요하기 때문이다.

둘째, 교육은 사회통합을 위한 정치적 목적을 추구한다. 정치, 역사, 위인의 생애를 가르쳐 후세들이 기존의 정치적 질서에 적절히 참여하고 사회통합에 이바지하도록 한다.

셋째, 교육은 경제적 목적을 추구한다. 개인의 직업준비를 위해서뿐만 아니라 국가나 경제에 필요한 노동력을 양성하기 위해서도 훈련시킨다. 즉 사회구조나 산업구조의 변화에 맞는 인간을 길러내기 위해 노력한다.

넷째, 교육은 사회적 목적을 추구한다. 사회구성원의 사회적·도덕적 책임감을 고취시키고 사회문제를 해결하고 개선하여 사회개혁을 위한 정신을 전수함으로써 가정이나 교회가 지니는 기능을 보완한다. 교육은 개인을 특정사회에 걸맞는 사회적 존재로 만들거나 특정 사회적 존재로 만들거나 특정 사회적 역할을 습득시키는 과정이다(김병욱, 2007).

다른 하나는 학교교육의 선발 및 배치의 기능이다. 기능이론은 기회균등과 업적주의 사회관의 관점에 입각하여 사회가 교육의 기회를 균등하게 주고, 개인의 업적과 능력에 따라 선발하여 사회역할의 지위를 분류하고 배분하는 사회이동을 촉진시키는 기능을 수행한다고 생각한다. 이들은 신분사회처럼 사회적 신분은 세습되지 말아야 하며, 인종 간, 계층 간, 지역 간의 차이 없이 누구에게나 동등한 사회적 성취의 기회를 가져야 한다는 기회균등의 원칙을 주장한다. 따라서 학교에서는 지식과 전문적 소양을 중시하는 사회에서 모든 사람들이 자기의 능력을 마음껏 발휘할 수 있도록 각종 지식, 기술, 가치규범 등을 함양하여 사회에 적응하도록 하며, 합리적인 선발과정을 통해 능력에 따라 적재적소에 배치시켜야 한다고 주장한다. 산업 및 사회구조가 급격하게 변하는 현대사회에서는 기술이나 전문인력을 더욱 요구하게 되고, 그에 따라 교육체제는 다양한 직업세계에 적합한 인력을 양성하고 선발하는 역할을 효과적으로 수행해야 한다. 기능이론의 교육선발에 관한 해석은 다음과 같다(허은수 외, 2012). 첫째, 능력과 재능은 사람마다 다르며, 높은 능력일수록 소유자가 적다는 것이고 둘째, 선발기준이 능력본위이어야 한다는 것이다.

이상을 종합하면, 기능이론의 교육관은 학교란 사회의 안정과 질서에 기여하는 제도라는 것이며, 학교는 사회가 질서를 갖고 안정적으로 유지할 수 있도록 사회의 규범과 가치관, 태도 등을 습득하도록 사회화시키며, 사회가 요구하는 기술, 지식 등을 전수한다고 본다.

3) 기능론적 교육관의 한계점과 비판

기능주의는 교육과 사회관계를 긍정적으로 파악하고, 교육의 순기능에 기여하고 있으나, 다음과 같은 한계점으로 비판을 받기고 한다(허은주 외, 2012).

첫째, 교육선발에서 기회균등과 업적주의 관점을 갖고 있지만, 출발선상의 학생들이 모두 동일선상에서 교육받는 점이 아님을 간과하고 있다. 교육을 받기 시작하는 단계에서 이미 계급적 차이가 존재하여 평등, 공정, 기회 등에서 차이가 있다는 점을 과소평가하고 있다(Blackledge & Hunt, 1985).

둘째, 교육에서 사회화 못지않게 중요한 것이 다양성, 개성, 자유, 학습의 기쁨에 대한 향유 등이 있는데, 이를 과소평가하고 있다. 기능론은 사회제도가 사회문제의 해결을 위해 존재하듯 교육도 사회화 선발, 지식전달 등을 통해 사회문제를 해결하기 위한 것이라고 본다. 하지만 교육이 존재하는 이유는 구성원의 동질화나 사회화라는 기능 때문만은 아니며, 각자의 다양성과 개성, 자유로운 발달을 도모하는 목적도 지니고 있다.

셋째, 기능론은 수동적인 아동관을 갖고 있으며, 특정한 시기에만 사회화가 일어난다는 전제를 갖는다는 것도 문제이다. 기능론 교육관은 사회화는 주로 학교에 다니는 기간에만 이루어지는 것으로 전제하여 학교의 사회화 기능을 지나치게 강조한다. 그러나 개인의 사회화는 일생에 걸쳐서 일어나며, 학교에 다니는 학생만이 사회화 대상은 아니라는 것이다.

넷째, 기능이론은 학교교육을 종속변수로 생각한다. 학교는 사회의 안정과 질서 유지 및 결속을 위해 기여할 수 있도록 기능해야 하고, 사회의 요구를 그 안에 반영해야 한다고 본다. 즉 학교는 사회의 영향 속에서 움직일 수밖에 없는 사회에 종속된 제도라는 점이다. 그러나 학교는 학교 나름의 능동적 역할을 수행하며, 학교가 정한 목표에서 자율적으로 임하거나 수정하기도 한다(김신일, 2005).

다섯째, 학교교육을 통한 사회이동을 과신하여 과잉교육 현상을 나타내고 있다. 학력 인플레이션이 그 대표적인 예가 될 수 있다.

여섯째, 교육의 기회균등, 업적주의, 경쟁적 사회이동 등을 전제로 하지만, 불평등한 출발, 과정, 결과에 따라 불평등한 사회이동이 일어나고 있는 현실에 무관심하다(김병욱, 2007).

2 갈등이론

1) 갈등이론의 사회관

갈등이론은 기능이론이 주장하는 사회이념, 신념, 가치 등이 사회구성원 간의 합의에 의해 이루어졌다는 점을 부정한데서 출발한다. 오히려 합의가 되어 있다면 그것은 조작된 합의에 불과하다고 치부한다. 갈등이론은 사회의 실체를 개인과 개인 또는 집단과 집단 간의 끊임없는 투쟁, 세력다툼, 경쟁, 지배자의 통제와 피지배자의 저항, 끊임없는 사회의 불안정과 변동의 연속이라고 본다.

갈등이론이 중시하는 주요 개념들은 투쟁, 경쟁, 갈등, 긴장, 억압, 통제, 대립, 계급, 변화, 착취, 재생산, 소외, 이데올로기, 허위의식, 계급의식 등이다. 갈등이란 구성원 간에 내재된 불일치나 대립을 의미하는 것으로 경쟁과 억압, 통제로 인하여 발생하는 현상이다.

갈등이론은 인간이 소유하고자 하는 자원은 제한되어 있고, 인간의 욕심은 무한한데, 이것을 해결할 방법이 없으니 인간과 인간 간의 경쟁과 갈등이 불가피하다는 것이다. 즉 사회 속에서 '뺏고 빼앗기는 관계'가 지속적으로 이루어지는 것이다.

갈등이론은 인간을 둘러싼 물질적 조건이 관념과 의식을 구성하고 변화를 일으키는데, 이때 이데올로기와 허위의식이 작용한다고 본다. 이데올로기는 계급 간의 지배-종속과 같은 관계를 은폐하거나 그 관계를 교묘하게 정당화하는 기능을 한다. 즉 이데올로기는 계급 간 모순과 대립을 숨기고 기존의 지배구조를 합리화하면서 기존의 지배계급을 지속시킨다. 이때 이데올로기, 즉 허위의식이 작용하는 데 허위의식이란 한 계급의 구성원을 다른 계급의 이익이나 이데올로기에 봉사하도록 하는 은폐된 가치나 신념을 지칭하는 말이다(허은주 외, 2012).

갈등이론의 중심에는 마르크스(Marx)가 있다. 마르크스(Marx)는 역사의 발전을 생산수단을 소유한 유산계급과 생산수단을 소유하지 못한 무산계급으로 구분하며, 두 계급 간 투쟁의 결과로 본다. 때문에 계급 간의 대립과 갈등은 사적 재산 제도가 있는 한 피할 수 없다고 본다.

터너(Turner, 1978)는 마르크스 이론에 기초하여 갈등론의 기본적인 전제를 다음과 같이 분석·제시하고 있다.

첫째, 어떤 체제에 희소자원의 분배가 불평등할수록 그 체제에서 지배부분과 피지배부분 사이의 이익 갈등은 더욱 커질 것이다.

둘째, 피지배부분이 그들의 진정한 집합적 이익을 인식할수록 그들은 희소자원의 불평등한 분배의 정당성에 대하여 더욱 의문을 제기하게 되고, 한 체제의 지배부분에 대항하여 공개적인 갈등을 조직하고 주도하게 된다.

셋째, 피지배부분이 공동 신념으로 통일될수록, 그리고 그들의 정치적 통솔구조가 더욱 발전할수록 어떤 체제의 지배부분과 피지배부분은 더욱 양극화될 것이다.

넷째, 지배부분과 피지배부분이 양극화할수록 그에 수반되는 갈등의 폭력성은 더욱 클 것이다.

다섯째, 갈등의 폭력성이 클수록 그 체제의 구조적 변동과 희소자원의 재분배가 더욱 클 것이다(이규환, 1987).

알튀세르(Althusser, 1918~1990)에 의하면, 국가는 두 가지 국가기구를 통해서 이데올로기를 구성원들에게 체계적으로 주입시켜 복종하도록 한다고 주장한다.

첫째는 억압적 국가기구(RSA: repressive state apparatus)이다 계급갈등을 강압적으로 제압하기 위하여 경찰, 법원, 군대, 교도소와 같은 기구들을 활용하여 국민을 통제하고 구속하는 억압적인 힘을 활용한다. 이들 기구는 기존의 계급질서에 대한 침해가 있을 때는 언제든지 힘을 발휘하여 탄압을 가한다. 이런 힘을 사용할 때는 막대한 희생이 수반될 수밖에 없다. 억압이 지배계급에 대한 저항을 막는다는 점에서는 효과적일지 모르지만, 지배계급의 이익을 옹호하도록 하는 데에서는 효과적이지 못하다고 볼 수 있다.

둘째는 이데올로기적 국가기구(ISA: ideological state apparatus)이다. 지배체제의 안정을 위해서는 피지배계급의 자발적인 복종이 있어야 하는데, 이를 위해 이데올로기적 국가기구를 사용하여 국민들을 다스린다. 억압적인 국가기구처럼 힘을 강압적으로 사용하는 것이 아니라 계급갈등을 은폐하고 지배 이데올로기를 포장하여 전수할 수 있는 지식, 기술, 가치, 태도 등을 학교나 교회, 가정, 정치단체, 언론, 문학, 예술, 미디어 등과 같은 기구를 활용하여 은밀하게 전수시킨다. 다시 말해서

'허위의식(이데올로기)'를 심어 주는 것이 지배체제를 유지하는 데 중요하다는 것이다. 이러한 국가기구를 통해 피지배계급의 구성원은 지배계급의 규범과 가치를 내면화하고 공유하게 되며, 피지배계급에 대한 '헤게모니(hegemony, 주도권)'을 창출하는 것이다.

갈등론 역시 기능론 못지않게 다음과 같은 점에서 비판을 받고 있다(허은주 외, 2012).

① 결정론적 한계이다. 경제구조가 모든 제도와 가치관, 인간의 의식을 결정하지는 않는다는 것이다.

② 갈등론자들의 이상적 국가형태인 공산주의의 붕괴이다. 공산주의 사회에서는 생산방법과 생산물을 공유함으로써 모든 갈등이 해결되고 완전한 일치를 실현할 수 있다고 하지만, '과학적'으로 입증하기 어렵다. 더욱이 1990년을 전후로 하여 구소련과 동구에서 일어난 공산주의 체제의 붕괴와 해체를 통하여 드러난 것은 공산주의 사회는 새로운 문제와 갈등을 만든다는 사실이다.

2) 갈등이론의 교육관

갈등이론은 학교교육을 통하여 교육의 불평등과 불공정성을 줄여가자는 데 의미를 두고 있다. 갈등론자들은 학교교육의 기회 확대와 양적인 성장에도 불구하고 사회적 불평등이 해소되지 않고 여전히 존재하고 있다는 점을 들어 기능이론에 입각한 이데올로기적 허구성을 지적한다. 그리고 학교교육이 사회에 존재하는 모든 계급에 평등하게 주어지기보다는 사회에 깔려 있는 불평등과 불공정성을 상화·유지시킴으로써, 평등사회 실현을 하나의 이상이나 구호에 머물게 한다고 비판한다.

갈등이론의 교육론은 보울즈(Bowles), 진티스(Gintis), 알뛰세르(Althusser), 카노이(Carnoy) 등이 발전시켜 왔다. 이들에 따르면, 학교교육이 형식적으로는 모든 사람들에게 개방되어 있고, 능력과 개인의 학업 의욕에 따라 보상하려는 것처럼 보이고, 누구에게나 능력과 업적에 따라 높은 사회적 지위를 얻을 수 있는 기회가 개방되어 있는 것으로 가르치고 있다. 하지만 학생들에게 고용의 기회가 공평하게 주어지며 능력에 의한 계층이동이 가능하다는 것은 하나의 신화에 불과하다고 주장한다.

특히, 알뛰세르(Althusser)는 이데올로기적 국가기구 중의 하나인 학교교육을 통한 의무교육제도야말로 가장 강력한 재생산장치라고 주장한다. 즉 학교를 통하여 지배 이데올로기가 국민들에게 전파되고 내면화된다는 것이다. 이에 덧붙여 애플(Apple, 1996)은 자본주의 사회의 재생산에 학교교육이 어떻게 작용하는지를 분석하였는데, 학교의 교육과정, 교과서, 교사(敎師) 관리 등이 학교가 재생산의 고리임을 부정하지 않았다. 그 예로 카노이(Carnoy)는 오늘날의 아시아, 아프리카의 많은 나라들이 정치적으로는 독립하였으면서도 문화적으로는 여전히 식민지 상태를 벗어나지 못하고 있는데, 이것은 교육이 문화적 종속을 더욱 부채질하고 있기 때문임을 지적하였다.

갈등이론의 교육관을 정리하여 제시하면 다음과 같다(이종각, 2004).

첫째, 학교는 중립적이고 객관적인 기관이 아니며, 지배집단과 밀접한 관계를 맺고 있다.

둘째, 학교는 지배집단의 이데올로기를 전수하는 곳으로 불평등한 사회구조를 심화시키는 역할을 한다.

셋째, 학교는 업적주의 이념으로 공정성을 위장하고 있으며, 실패의 원인을 사회구조적인 측면이 아닌 개인의 능력과 노력 부족으로 돌리고 있다고 비판한다.

넷째, 학교는 지적 능력의 함양보다 지배집단이 선호하는 가치·태도·규범 등의 주입에 치중하고 있다고 비판한다.

다섯째, 학교는 기존의 불평등한 사회질서에 개인을 편입시키며, 결과적으로 지배집단의 이익에 기여하는 도구적 장치로 기능한다고 비판한다.

반면에 갈등이론 교육관이 학교교육에 기여한 점도 있다. 이를 제시하면 다음과 같다(이종각, 2004).

첫째, 학교교육을 통한 사회적 불평등의 재생산, 특정 문화와 이념의 표준화 등에 대한 비판은 우리에게 비판적 시각을 제고해 주었다. 즉 기존 학교제도의 근본적인 문제를 들춰낸 것은 갈등이론의 공헌이라 할 수 있다.

둘째, 현행 학교제도의 문제점을 학교제도 내에서만 찾기보다는 사회구조적 문제와 연결시켜 파악했다는 것이다.

셋째, 지금까지 당연시되어 왔던 문제들에 대해 근본적인 문제를 제기하고, 그 허구성을 지적한 것이다.

넷째, 학교교육의 사회적 성격을 해석하는 데 있어서 비판적 해석 틀을 제공해 주었다.

3) 갈등이론의 한계점과 비판

갈등이론의 교육관에 대한 한계점과 비판을 정리하여 제시하면 다음과 같다(이종각, 2004).

첫째, 구조결정론에 빠져 교육이 경제구조나 문화구조에 의해 일방적으로 그 성격이 결정된다고 한다.

둘째, 사회구조를 이분법에 따라 단순하게 표현하여 지배집단과 피지배집단으로 양분하고, 교육이 지배집단에게만 이익을 주는 것으로 규정하고 있다.

셋째, 학교교육의 공헌을 무시하고 있다. 학교교육이 전통적인 신분세습제도를 약화시키고 능력 위주의 사회이동을 가능하게 해준 공헌을 부정하고 있다.

넷째, 갈등과 세력경쟁을 지나치게 강조하여 교육이 사회적 결속력을 높이고 공동체적 의식을 높이는 데 기여한 것을 과소평가 하고 있다.

다섯째, 교육선발의 불평등을 너무 강조하여 교육을 통한 능력에 따른 선발을 인정하지 않고 있다.

3 기능이론과 갈등이론의 비교

앞서 살펴본 기능이론과 갈등이론의 사회관과 교육관을 종합하여 제시하면 다음과 같다.

〈표 3-1〉 기능이론과 갈등이론의 사회관 비교

기능이론	갈등이론
• 사회의 모든 요소는 안정 지향적이다. • 사회의 각 요소들은 상호의존적이며 통합적인 기능을 한다. • 사회변화는 점진적이고 누적적으로 진행된다. • 사회체제 유지를 위해 사회구성원들의 공동체 의식을 강조한다. • 사회의 지위 배분은 개인의 성취능력에 의해 달성된다. • 사회의 가치, 규범, 관습 등은 구성원들의 합의에 의한 것이며 보편적이고 객관적인 성격을 지니고 있다.	• 모든 사회는 변화 지향적이다. • 모든 사회는 불일치와 갈등이 일어나고 있다. • 사회변화는 급진적이고 비약적으로 진행된다. • 사회의 각 집단은 경쟁적이며, 대립적인 관계를 가지고 있다. • 일반적으로 사회가 선호하는 가치는 지배집단과 관련을 맺고 있다. • 사회의 각 기관들은 지배집단의 이익에 봉사하고 있다. • 사회갈등의 원인은 재화의 희소성과 불평등한 분배에 기인한다.

자료 출처 : 이종각(2004: 452)

〈표 3-2〉 기능이론과 갈등이론의 교육관 비교

기능이론	갈등이론
• 학교는 사회의 안정과 질서에 기여하는 제도이다. • 학교는 사회가 요구하는 기술, 지식 등과 공동체 의식을 전수한다. • 학교는 사회구조적 모순을 해결해 주며 사회평등화를 도모한다. • 교육은 독립적이며 자율적이라는 자유주의적 이데올로기에 근거하고 있다. • 학교는 개인의 재능과 노력에 따라 공정한 평가를 하며, 아울러 정당한 사회적 보상이 주어진다. • 학교는 지위의 사다리이며, 공정한 사회이동을 촉진한다. • 학교교육을 통해 각종 사회문제를 해결할 수 있다.	• 학교는 기존의 위계질서를 공고히 하며, 지배계급의 이익에 종사하는 도구이다. • 학교는 기존의 질서를 재생산함으로써 사회 불평등을 영속화한다. • 교육이 이데올로기적 상부구조로서 경제적 토대의 대응체라는 유물론적 해석에 근거하고 있다. • 학교는 피지배계층에게 기존의 불평등 위계구조에 순응하도록 강요하는 이데올로기적 기관이다. • 학교는 인간을 가용하고, 억압함으로써 타율적이고 수동적인 존재로 전락시키고 있다. • 학교는 지적 기술보다 지배계층이 선호하는 가치관, 규범, 태도 등을 은밀히 강조하고 있다. • 학교에서 행하는 능력주의 이데올로기는 외형상 공정하게 보이나, 피지배계층의 아동을 효과적으로 탈락시키키고, 지배질서의 정당성을 강조하기 위한 이념에 불과하다.

자료 출처 : 이종각(2004: 452)

생각의 마당

1. 교육에 대한 기능론적 관점을 생각해보고, 이 관점의 장, 단점을 설명해 봅시다.

2. 교육에 대한 갈등론적 관점을 생각해보고, 이 관점의 장, 단점을 설명해 봅시다.

CHAPTER

04

사회적 평등과 교육

학습주제

1. 교육적 평등의 개념
2. 교육적 평등관의 유형
3. 사회계층과 사회계급
4. 사회계층의 특징
5. 사회계층의 형태
6. 사회계층과 교육의 관계

우리가 사랑하거나 사랑해야 하고 존중하는 것은 인간존재로서의 사람이지, 천재적 학자거나 기업가이거나, 그런 종류의 인간이 아니기 때문이다. 본질적으로 이러한 능력의 불평등도 우연한 것 아닌가. 부모에게 물려받은 재주나 지적 능력상의 어떤 이점도 무시하고 부정해야 한다. 이것이 가장 고결한 정의이다.

— 사회학자 Durkheim

1 교육적 평등의 개념

하커(Harker, 1990)는 인간의 평등권이야말로 유일한 자연권이며 인간적 원리라고 하였다. 평등은 인간의 기본권으로서 모든 사람이 누구나 평등하게 대우받을 권리를 천부적으로 향유하고 있기 때문에 일종의 생존권이며, 행복할 권리를 향유한다는 측면에서 인간적 권리이며, 인격적으로 존중받아야 하고, 높은 이상과 꿈을 향유할 실존적 가치개념이다.

평등(equality)은 사회학의 매우 중요한 궁극적 주제다. 평등은 사회를 지탱하는 이념적 축이자 갈등의 원천이기도 하다. 사회에서 일어나는 대부분의 갈등은 평등과 밀접한 관련이 있다. 단지 추구하는 평등관의 방향에 따라 사회적 갈등의 양상이 달라질 뿐이다. 평등은 한마디로 정의하기 어려운 매우 복잡한 개념적 속성을 가지고 있다.

일반적으로 인간은 평등하게 창조되었다고 하지만, 현실은 평등한 사회적 대우를 하지 않는다. 우리는 외모부터 시작하여 태어난 배경 등 많은 사회적 차이를 갖고 태어난다. 그리고 이런 차이는 사회 속에서 차별로 나타나며, 차별은 불평등의 원인이 되어 사회적 갈등을 야기한다. 따라서 사회 속에서 평등은 개념적으로 불가피하게 불평등(inequality)을 포함하고 있으며, 대다수의 학자들은 사회를 불평등체제로 보고 있다.

현실적으로 모든 것이 동일한 평등사회를 구축하는 것은 불가능한 일이다. 계급, 계층, 구별 짓기, 문화 등의 사회학적 개념들은 암묵적으로 사회적 차이와 불평등을 선재하고 있다. 사회학은 이와 같은 사회의 불평등에 관한 학문이라 할 수 있다. 동시에 차이가 차별이 되지 않고 공존하는 사회, 즉 사회적 불평등을 최소화하기 위한 학문이다. 그런 의미에서 교육사회학은 교육에서 오는 사회적 불평등을 해소하기 위한 학문이다.

현대사회에서 사회적 평등을 실현해 주는 이념적 장치는 학교교육이다. 학교교육은 사회적 불평등을 해소하기 위한 대표적 장치로서, 사회적으로 이동할 수 있는 기회를 준다. 건강한 사회는 상승과 하강의 수직적 이동이 활발하게 일어난다. 학교교육은 수직적 이동을 촉진하는 기제이며, 학교교육의 수직적 이동은 능력주의의 원리에 의해 지지를 받는다. 능력주의는 재능과 노력에 따른 업적에 의해 원하는 사회적 지위에 도달할 수 있는 이념적 기제이고, 학교는 교육적 능력주의를 실현하는 대표적인 기관이다.

능력주의는 공정성과 공평성, 그리고 정의의 문제를 수반한다. 정의는 모든 사람에게 공정하게 적용하는 사회규칙으로, 사회의 이익을 극대화하기 위한 것이다. 정의는 사회적 불평등 개념과 밀접하게 연결될 수밖에 없다. 정의는 근원적으로 사회적 불평등을 해소하거나, 혹은 사회구성원들이 합의하여 사회적 불평등을 인정하는 공정성의 원리에 기초하고 있다. 이런 점에서 사회적 불평등과 관련된 정의의 개념은 복잡할 수밖에 없다.

공리주의(utilitarianism)에서 정의로운 사회란 모든 사람이 행복한 사회, 즉 최대 다수의 최대 행복을 의미한다. 여기서 최대 다수의 최대 행복이란, 사회의 평균적 이익을 극대화 하는 것이다. 능력은 이러한 사회의 평균적 이익을 최대화할 수 있어야 하며, 이와 동시에 교육기회는 사회의 평균적 이익을 최대한 높일 수 있는 능력을 근거로 배분되어야 한다. 교육기회의 배분은 사회 전체 선의 기여에 따라 정당화되며, 역으로 사회의 평균적 이익을 최대화 하면 어떤 교육적 불평등도 용인할 수 있게 된다. 이 점은 사회의 평균적 이익을 위해서라면 어떤 불평등(인종차별과 노예제도)도 감수해야 하는 이론적 한계를 가지게 된다(손순종, 1996).

롤스(J. Rawles)에 의하면 자유주의적 평등관은 정의로운 사회의 출발점이라고 한다. 전통적 자유주의는 개인의 권리와 가치를 중시하며, 다른 사람에게 해를 끼치지 않는 선에서 개인의 이익을 추구한다. 롤스(Rawles)는 전통적인 자유주의 가치를 인정하면서 평등을 정의의 기본 이념으로 제시하고 있다. 그러나 자유와 평등은 양립하기 매우 어려운 가치이다. 자유는 개인적 가치에, 평등은 사회적 가치에 중심을 두고 있기 때문이다. 하지만 자유와 평등은 어느 한쪽을 포기할 수 없는 인간의 기본적이며 천부적 권리이고, 사회의 균형과 조화를 이루기 위해 반드시 필요한 가치다.

롤스(Rawles)의 정의론(a theory of justice)은 이 점에서 돋보인다. 그는 양극단에 있는 두 가지의 정의 원칙을 수행하여 사회적 불평등을 해소하려고 하였고, 자유와 평등을 동시에 실현하기 위한 다음과 같은 정의의 원칙을 제안하였다(강창동, 2009).

제1원칙은 평등의 원칙이다. 즉 모든 사람은 다른 사람의 유사한 자유와 상충되지 않는다면, 가장 광범위한 기본적 자유에서 동등한 권리를 갖는다.

제2원칙은 차등의 원칙이다. 사회적·경제적 불평등은 다음 두 조건을 만족시키도록 조정되어야 한다.

① 불평등이 모든 사람에게 이익이 되도록 합당하게 기대되어야 한다.

② 불평등이 모든 사람에게 개방된 직위와 직책에 결부되어야 한다.

제1원칙인 평등의 원칙은 인간의 기본적 권리로서 어떤 정치사회적 조건에 의해 차등되지 않고 모든 사람에게 동등한 대우를 해야 한다는 것이다. 개인의 자유는 사회 전체의 목적과 이익을 위해 침해할 수 없는 불가침의 권리다.

제2원칙인 차등의 원칙은 모든 사람의 이익을 증대시키기 위해 불가피하게 나타나는 불평등을 정당한 것으로 간주하고 있다. 그러나 롤스(Rawles)는 특정 개인의 이익을 극대화하기 위한 능력주의는 부정의하고 불평등한 것으로 보고, 최소 수혜자에게 최대 이익인 사회적 선(善)을 실현하는 것이 정의로운 사회라고 역설한다.

또한 롤스(Rawles)는 공정한 기회균등의 원리를 강조한다. 능력주의는 외관상 공정하게 보이지만, 사실 사회의 출발선상에서 보이지 않는 계급적 혜택에 의해 좌우된다. 그는 이런 문제를 보완하기 위해 사회적 우연성, 즉 계급적 배경의 혜택을 배제하고, 누구나 동일한 교육적 출발선상에 놓이게 할 것을 주장한다.

인간이 출생하면서부터 부여받는 계급적 혜택으로 인해 사회적 지위가 결정되는 것은 천부적인 우연성의 누적된 결과다. 따라서 비슷한 능력의 소유자들은 사회경제적 배경을 배제한 공정한 사회적 기회를 부여받아야 한다. 그래서 롤스(Rawles)는 천부적 우연성인 계급적 교육 혜택을 배제하지 않은 교육기회는 공정하지 않으며, 개인적 이익만을 추구하게 된다고 보았다. 이를테면 롤스(Rawles)는 개인의 자유 가치를 존중하면서 사회의 평등원리를 지향하고 있지만, 궁극적으로 평등원리 더 비중을 두고 있다.

이와는 반대로 노직(R. Nozick)은 사회적 평등보다 개인의 권리와 가치를 더 중요하게 여긴다. 롤스(Rawles)는 사회적 평등을 위해 국가의 개입은 최소화해야 한다고 본다. 롤스(Rawles)와 노직(Nozick)은 이 점에서 상반된 극명한 입장을 보인다. 노직(Nozick)은 개인의 자유와 권리를 우선가치에 두면서, 어떤 형태도 이 가치를 침해할 수 없다고 주장한다. 사회적 공동 선(善)을 실현한다는 명분 아래 개인의 자유와 권리를 침해할 수 없으며, 이렇게 개인의 권리를 침해하지 않는 국가가 좋은 국가라는 것이다. 노직(Nozick)은 개인의 자율과 권리를 최대한 증진시키기 위해 국가 역할을 최대한 축소시킬 것을 제안하면서 최소국가(minimal state)를 제시하였다. 그러므로 노직(Nozick)은 개인의 자유와 권리에 대해 배타적 소유를 강조하면서, 심지어 천부적이고 사회적인 우연으로 축적된 재화와 용역의 소유권도 정당한 것으로 보았다.

노직(Nozick)에 의하면 교육의 기회균등은 개인의 자율적 선택하는 것이다. 즉 교육의 기회균등은 개인의 자유로운 선택 기회를 최대한 보장하고, 그에 따른 정당한 소유권을 인정하는 것이다. 개인의 사회적 우연성에 의해 획득된 학습능력은 정당한 것이며, 여기에 따른 사회적 분배도 공정하게 본다. 그는 계급적 차이로 인한 사회적 우연성을 보충하기 위한 학습은 불공정한 경쟁이며, 이를 위해 과세하는 것도 정의롭지 못하다고 하였다.

2 교육적 평등관의 유형

교육적 평등관에 관심을 가지게 된 직접적인 계기는 콜맨 보고서(Coleman report, 1968)를 통해서였다. 콜맨 보고서는 미국 전역을 대상으로 학생 645,000명과 교사 60,000명, 그리고 학교 4,000개를 샘플링 표집하여 교육기회의 불평등에 대한 조사를 실시하였다(오욱환, 2007). 이 조사는 학교시설보다 학생의 사회경제적 지위가 학업성취와 직접적인 관계가 있다고 하여 세계적으로 충격을 주었다. 이런 연유로 콜맨 보고서는 교육적 평등관에 대한 논의를 확산시켰으며, 교육기회뿐만 아니라 교육결과의 평등을 고려하게 하여 평등관의 유형 분류 가능성을 제시하였다. 이에 우리나라의 김신일(2006)은 교육적 평등관을 크게 네 가지로 분류하여 제시하였다(강창동, 2009).

첫째, 교육기회의 허용적 평등이다. 모든 사람에게 동등한 교육기회를 허용해야 하며, 주어진 기회를 누릴 수 있는 여부는 개인의 역량과 형편에 달려 있다. 법이나 제도에 의해 특정 집단에게만 허용하던 제도적 차별을 철폐하고, 모든 집단에게 균등하게 교육기회를 제공하는 것이다. 특히 신분, 성, 종교, 지역, 인종 등으로 차별해 오던 것을 철폐하여 누구나 능력이 미치는 데까지 교육을 받을 수 있도록 허용하는 것이다. 허용적 평등관은 교육기회를 제한하던 일체의 제도적 차별을 철폐하여 모든 사람에게 교육기회를 개방시키는 것이다.

둘째, 교육기회의 보장적 평등이다. 제도적으로 교육기회를 허용해도 교육적 불평등이 해소되는 것은 아니다. 불가피하게 개인적 상황으로 인해 교육기회가 상실될 수 있으므로, 교육적 평등을 실현하기 위해서 취학을 가로막는 경제적·지리적·사회적 제반 장애를 제거해 주어야 한다. 이를테면 경제적으로 어려운 학생이나, 지리적으로 낙도(落島) 등에 불리하게 위치한 학생에게도 취학을 보장할 수 있는 동등한 기회를 제공해야 한다.

셋째, 교육조건의 평등이다. 모든 사람이 학교에 다니는 것만으로 평등하지는 않다. 학교 간의 환경적 차이가 크기 때문이다. 따라서 모든 학생에게 학교 간의 환경적 조건을 동등하게 해 주어야 한다. 즉 학교시설, 교사자질, 교육과정 등에서 학교 간의 차이가 없어야 평등하다는 것이다. 이에 대해서는 고교평준화정책을 예로 들 수 있다.

넷째, 교육결과의 평등이다. 교육기회의 보장적·허용적 평등, 그리고 교육조건의 평등이 이루어졌다고 해도 교육결과의 평등을 보장할 수는 없다. 교육의 목적은 일정한 학업성취 수준을 높이는 데 있으며, 다른 교육적 평등이 이루어졌다고 해도 학업성취가 균등하지 않으면 교육결과의 평등은 보장할 수는 없다. 교육결과의 평등을 위해 롤스(Rawles)는 보상적 평등주의(redemptive egalitarianism)를 주장한다. 사회적 행복의 총량을 증가시키기 위해 우수한 학생보다 열등한 학생에게 더 좋은 보상적 교육조건을 제공해야 한다는 것이다. 이것은 개인의 자유와 권리를 주장한 노직(Nozick)과 상반된 입장으로, 우수한 학생에 대한 역차별이 발생할 수 있다. 모든 사회계층에게 공정하게 과세한 세비는 모든 학생에게 공정한 교육적 혜택을 제공하는 데 쓰여야 한다. 그러나 열등한 학생을 위한 보상교육 프로그램의 실시는 엄청난 세비 지출을 예상하게 하여, 열능한 학생을 위해 시출된 세비로 인해 우수한 학생이 교육적 세비 혜택을 받지 못할 수도 있다. 우수한 학생이 단지 능력이 있다는 이유로, 교육적 세비 혜택을 받을 수 없는 것은 의도와 달리 개인의 정당한 자유와 권리를 훼손하는 역차별이 될 수 있다.

3 사회계층과 사회계급

사회계층(social stratification)은 비슷한 생활양식이나 가치관을 가진 사람들의 집단이라고 할 수 있다. 일반적으로 직업, 가정배경, 교육수준, 재산, 수입, 정치적 지위 등이 여러 가지 사회적 조건으로 인하여 불평등하게 분배되어 있는 사회체제 속에서 비슷한 위치에 있는 인구집단을 말한다. 반면에 사회계급이란 대체로 경제적 조건이 비슷한 사람들이 유사한 생활습관, 가치관, 태도를 가지는 것을 말한다. 이것은 집단적 응집력 또는 계급의식이 전제된 개념으로 생산수단과 권력의 유무에 따라 결정되는 것이다.

이러한 사회계층의 결정요인은 일반적으로 재산, 수입, 직업, 권력, 교육수준, 가정문화 등이 종합평가되어 결정된다. 이와 같이 사회계층의 결정요인은 매우 많지만, 그 중에서 가장 중요하게 다루어지는 요인은 재산과 수입, 직업, 교육수준이다.

마르크스(K. Marx)에 의하면 사회계층은 인간이 제도적으로 만들어 놓은 불평등의 체계라 하고, 계급은 생산수단의 소유여부와 생산관계의 지위와 역할의 차이에 의해서 구별된다고 하였으며, 베버(M. Weber)는 사회계층은 경제적인 요인 외에 재산, 권력, 지위에 의해서도 구별된다고 하였다.

워너(W. L. Warner)는 사회계층을 분류하는 기준으로 평정참여법(EP)과 지위특성지표(ISC: Index of Status Characteristic)를 제시하였다. 워너의 지위특성지표 여섯 가지는 다음과 같다.

워너의 사회계층 분류지표

① 직업 ④ 수입정도
② 가옥의 형태 ⑤ 소득원
③ 거주지역 ⑥ 교육수준

워너의 사회계층 분류지표

① 직업 ④ 수입정도
② 가옥의 형태 ⑤ 소득원
③ 거주지역 ⑥ 교육수준

〔그림 4-1〕 워너의 사회계층 분류 지표

4 사회계층의 특징

상류계층(upper class) 사람들의 행동특성은 주로 가문과 전통을 존중하는 보수적인 성향이며 권위적이다. 이들은 대체로 선조로부터 물려받은 유산으로 생활하며, 사회적으로 저명한 가정적 배경을 가지고 있다. 또한 정서적으로 안정되어 있고, 생활태도도 긍정적이며 관용적이다. 그리고 조상숭배 의식이 강하며 전통과 명예를 존중한다. 상류계층의 교육적 특징은 학교교육에 대한 관심이 높고, 교사에 대한 긍정적 태도를 가지고 있으며, 자신의 지위와 품위를 유지하기 위한 교양교육에 관심을 갖는다. 그리고 자녀교육에서 대화를 중시하며, 민주적인 양육태도를 가진다.

중류계층(middle class) 사람들은 주로 전문직에 종사하고 있으며, 성취동기가 높고 상류 계층으로의 상승이동 욕구가 매우 높다. 그러므로 사회활동에 적극적이며 미래지향적이다. 중류계층의 교육적 특징은 자녀교육에 대한 기대가 매우 크다. 특히 자녀들에게 성취의욕과 자제력을 갖도록 지적인 압력을 가하며 행동을 통제하는 경우가 많다. 그리고 학교교육을 통하여 자녀를 계층상승 시키려는 부모들의 교육열이 높다.

하류계층(lower class) 사람들은 몇 세대에 걸쳐 이루어진 하류계층의 반복으로 막일로 생계를 유지하는 등 어려움을 겪는 계층이다. 이들에게는 미래의 꿈과 희망, 그리고 성취 기대수준이 낮고, 경제적으로 안정되어 있지 못하다. 그러므로 현재지향적인 가치관을 가지고 있어서 노력하지 않고 타인과 정부에 의존하는 경향이 강하다. 하류계층의 교육적 특징은 자녀교육에 대한 투자를 거의 하지 못하는 처지이며, 자녀들은 학교에서 일탈행위나 비행을 저지르는 경우도 있다. 이들의 자녀들은 학습부진과 학습지진의 문제를 안고 있는 경우가 많다(이병승 외, 2002).

5 사회계층의 형태

우리가 살아가는 지구상에는 인간이 향유하고자 하는 재화와 용역이 한정되어 있고, 여러 가지 가치가 제한되어 있기 때문에 어느 사회나 사회계층은 존재하게 된다. 이처럼 한 사회의 계층들의 위계관계를 우리는 계층구조라고 하는데, 이것은 앞에서 이야기한 바와 같이 불평등하게 기초하고 있다. 계층구조는 그 사회구성원의 각 계층에 속하는 사람들에 따라 다양하다. 일반적으로 계층구조의 형태를 다음과 같은 네 가지 형태로 구분한다.

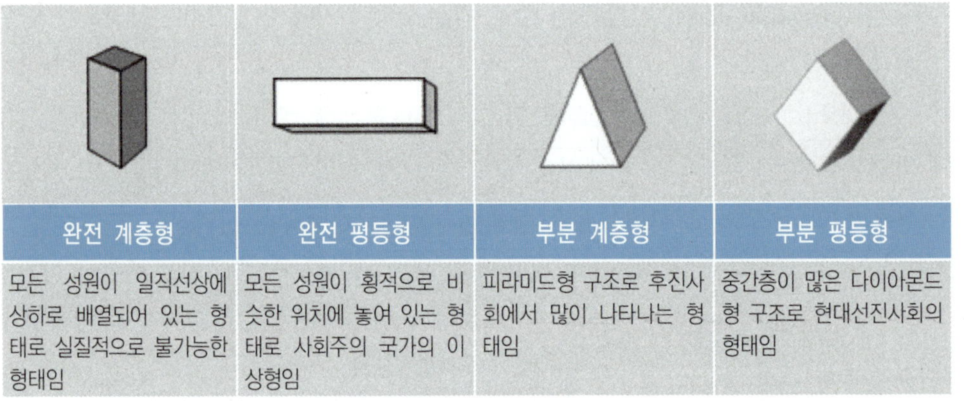

완전 계층형	완전 평등형	부분 계층형	부분 평등형
모든 성원이 일직선상에 상하로 배열되어 있는 형태로 실질적으로 불가능한 형태임	모든 성원이 횡적으로 비슷한 위치에 놓여 있는 형태로 사회주의 국가의 이상형임	피라미드형 구조로 후진사회에서 많이 나타나는 형태임	중간층이 많은 다이아몬드형 구조로 현대선진사회의 형태임

〔그림 4-2〕 사회계층 구조

6 사회계층과 교육의 관계

일반적으로 교육은 사회적 이동을 촉진시키는 중요한 요인이다. 특히 교육을 통한 사회계층의 상승은 영구적이고 안정적이기 때문에 교육에 대한 높은 관심과 기대를 가지고 있는 것이다. 또한 교육은 경제적, 문화적 계층상승의 수단이 되기도 하며 국민의 생활태도와 가치관, 그리고 신념을 변화시켜 계층문화의 향상을 촉진시키기도 한다(이병승 외 2002). 마틴(L. Martin)은 사회계층과 교육과의 관계를 다음과 같이 제시하였다.

① 각 계층은 고유의 문화를 가지고 있고 교육에 대한 태도도 다르다. 즉 계층에 따라 자녀들의 진학이나 선택하는 교육내용이 다르다.

② 학생들의 인성이나 사회적 행동의 특징들을 보면 사회계층적 배경을 알 수 있다.

③ 학교의 교육목적, 내용, 방법, 그리고 교사의 학생에 대한 태도에 있어서도 계층적 차이가 존재할 수도 있다.

④ 학교는 사회계급에 있어서 사회이동과 관련성이 있다는 측면에서 볼 때 계층의 재생산 기능을 한다.

또한 헤비거스트(R. J. Havighurst)는 사회계층과 교육과의 관계를 다음과 같이 제시하였다.

① 사회계층에 따라서 교육에 대한 신념이나 가치관이 다르다.

② 어느 국가든 모든 사회계층은 교육의 중요성을 인식하고 있기 때문에 교육이 보편화되어 있다.

③ 교육이 사회적 지위를 상승시키는 데 결정적인 조건이 되기 때문에 대학 진학은 물론, 더 많은 기간의 교육을 통하여 좋은 직업을 가질 수 있다는 생각이 지배적이다.

④ 학교에 대한 기대수준도 계층에 따라 다르다.

⑤ 학교에 대한 태도나 자녀양육의 방법도 계층에 따라 다르다. 이를 부연설명하면 다음과 같다.

① 각 계층은 고유의 문화를 가지고 있고, 교육에 대한 태도도 다르다.
② 학생들의 인성이나 사회적 행동의 특징들을 보면 사회계층적 배경을 알 수 있다.
③ 학교의 교육목적, 내용, 방법, 그리고 교사의 학생에 대한 태도에 있어서도 계층적 차이가 존재할 수도 있다.
④ 학교는 사회계급에 있어서 사회이동과 관련성이 있다는 측면에서 볼 때 계층의 재생산 기능을 한다.

〔그림 4-3〕 **사회계층과 교육의 관계**

생각의 마당

1. 사회계층과 교육의 관계를 생각해보고, 사회계층이 교육에 미치는 영향은 무엇일지 설명해 봅시다.

2. 사회계층과 학업성취도와는 상관이 있다고 생각합니까? 있다고 생각한다면 어떤 점에서 상관이 있는지 설명해 봅시다.

CHAPTER

05

사회심리학과 교육

학습주제

1. 사회적 학습
2. 학교 풍토
3. 협동과 경쟁
4. 역　할
5. 집단역동
6. 집단규범과 동조현상

교육은 아직 사회생활을 위한 준비를 갖추지 못한 세대들에게 어른 세대들이 영향력을 행사하는 것이다. 이것의 목적은 어린이들에게 전체로서의 정치사회와 그가 전문직으로 종사하게 될 특별한 환경에서 요구되는 신체적·지적·도덕적 여러 특성들을 일깨우고 개발하는 것이다.

— 사회학자 Durkheim

1 사회적 학습

1) 사회적 학습이론

인간은 태어나서 죽을 때까지 평생 학습한다는 학습의 존재로 이해할 때 인간의 학습은 여러 가지 형태로 설명이 가능할 것이다. 여기서는 인간의 다양한 학습형태 중에 하나인 사회적 학습에 대하여 살펴본다.

사회적 학습이란 인간이 함께 행동하고 거주하는 사회 속에서 동료들로부터 학습한다는 것이다. 인간의 사회학습에 대하여는 반듀라(A. Bandura)에 의하여 연구가 시작되었다. 사회적 학습이 이루어지는 기본적인 개념을 제시하면 다음과 같다.

첫째, 타인의 사회적 기대가 개인이 다양한 사회적 상황에서 취해야 할 적절한 행동을 결정해준다. 둘째, 개인은 그에게 중요하고 의미 있는 타인들과의 상호작용을 통하여 자신이 해야 할 적절한 행동을 학습한다. 셋째, 개인은 그에게 적절하고 타당하다고 지각한 대로 행동을 학습한다. 넷째, 의미 있는 사람들과의 상호작용을 통하여 다양한 형태의 행동 학습능력을 획득하게 한다.

즉 개인의 학습능력은 그가 생활하는 사회문화적 환경에 의하여 대부분 결정되며, 개인은 그가 속한 사회에서 타인이 그에게 적절하다고 결정해 주고, 그에게 제공해 주는 것을 학습한다는 것이다.

2) 사회적 학습모형

사회적으로 학습이 이루어지는 과정을 반듀라(Bandura)는 모델링의 현상으로 설명하였다. 그에 의하면 학습은 네 가지 과정으로 설명이 가능한데, ① 주의집중과정, ② 유지시연과정, ③ 재생산과정, ④ 동기화 과정을 말한다. 주의집중과정에서는 모델 자극이 특징적·감정적으로 복잡하고도 우세하게 기능적 가치로 제시되며, 이에 개인은 감각적으로 자극되고 호기심을 갖게 된다. 유지시연과정에서는 모델이 상징적인 의미로 형성되고 인지적으로 조직되며, 상징적 연습과 기능적인 반복과정을 거친다. 재생산과정에서는 신체적으로 반응이 일어나며, 재생산되고 적절한 피드백이 이루어진다. 마지막으로 동기화과정에서는 내적 강화가 이루어지고 대리강화와 자발적 강화가 일어난다. 이렇게 네 가지 과정을 통하여 학습자 개인에게 모델링을 통한 사회적 학습이 이루어지게 되는 것이다. 그 과정을 보면 [그림 5-1]과 같다.

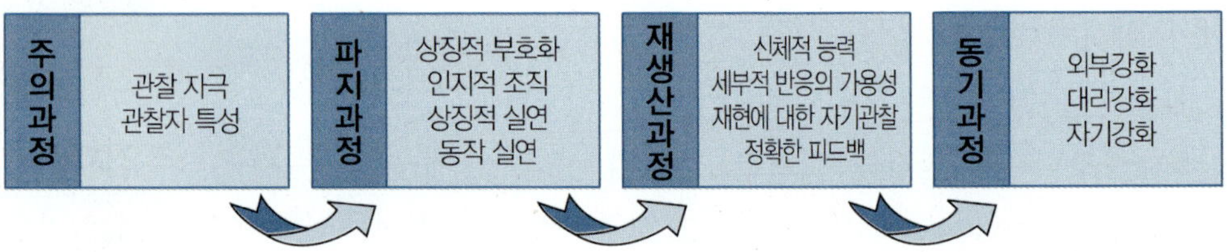

〔그림 5-1〕 반듀라(Bandura)의 모델링을 통한 사회학습 과정

3) 교사에게 주는 시사점

이 이론이 교사에게 주는 시사점은 다음과 같다.

첫째, 교사는 학생들이 좋은 상호작용을 통해 성공적인 사회적 학습이 이루어질 수 있도록 건실한 사회적 환경을 제공해 주어야 한다.

둘째, 교사는 학생들에게 의미 있는 타아(他我)를 발견하도록 도와줘야 한다.

셋째, 교사는 학생들 간에 원만한 상호작용이 일어나도록 도와줘야 한다.

넷째, 교사, 부모, 성인은 학생들에게 가정, 학교와 사회의 일상생활 속에서 좋은 모델이 되어줘야 한다.

2 학교 풍토

1) 학교 풍토의 의미

학교 풍토(school climate)란 각 학교마다 가지고 있는 독특한 사회·심리적 문화적 분위기를 말한다. 학교 풍토는 비교적 장기간에 걸쳐서 이뤄지며 학교의 역사와 전통, 설립배경, 정책 등에 의하여 형성된 것이다. 이렇게 형성된 학교 풍토는 학생의 인지적, 정의적, 사회적, 기능적인 행동에 큰 영향을 주기 때문에 학교교육 효과와 관련하여 생각하지 않을 수 없는 변인이다.

학교 풍토는 세 가지로 분류되는데, 즉 실제 존재하고 있는 그대로(지각되기 전)의 알파 풍토, 학생의 지각을 통한 베타 풍토, 그리고 여러 사람들이 공통적으로 지각 인정되는 감마 풍토로 나눈다.

우리나라에서는 학교의 조직 풍토(climate), 학교 문화(culture), 문화적 분위기(atmosphere)에 대한 연구가 많이 수행되었으며, 학교 풍토가 형성되는 배경이나 학교문화의 특성 자체에 대한 연구, 학교 풍토와 학업 성적, 정의적 특성, 기타 다른 변인과의 관계에 대하여도 탐구해 왔다. 학교 교육에서의 교사는 학교 풍토와 관련하여 다음과 같은 시사점을 얻을 수 있다.

2) 교사에게 주는 시사점

이 이론이 교사에게 주는 시사점으로는 다음과 같다.

첫째, 학교 풍토 변인이 학생들의 학업성취에 영향을 준다고 볼 때, 학업성취도를 제고하기 위해 바람직한 학교 풍토를 조성해 주어야 한다.

둘째, 학교 풍토가 특히 학생의 정의적, 사회적 특성과 관련이 깊다고 볼 때 학생의 비지적인 행동 변화를 이끌어내기 위하여 학교 풍토에 대한 처치가 이뤄져야 한다.

셋째, 학교 풍토는 비교적 장기간에 걸쳐 형성된다고 하지만, 교장이나 학교 책임자의 의지 및 관심에 의하여 중·단기 내에 변화, 형성 및 수정될 수도 있다.

넷째, 담임교사가 학급 풍토 조성을 어떻게 할 것인지, 학급 풍토의 수준에서 바람직한 학습 풍토를 조성함으로써 반 운영을 효율적으로 할 수 있을 것이다.

3 협동과 경쟁

1) 협동과 경쟁적 상황

협동적 사회상황에서는 각 개인의 목표가 서로 관련되어 있기 때문에, 그들의 목표달성 사이에는 정적 상관관계가 있다. 순수한 협동적 상황에서 개인은 자신과 관련된 타인들이 그들의 목표를 달성할 수 있을 때에만 자신의 목표도 달성할 수 있다. 가령 서바이벌 게임의 목표는 게임에서 이기는 것인데, 그러한 단체 게임에서 한 사람이 목표를 성취하면 그 팀의 모든 구성원들 역시 목표를 성취하게 되는 것이다.

협동의 경우 어떤 개인이 그의 목표달성 기회를 증대시키기 위한 방법으로 행동할 때, 그는 그와 관련된 다른 사람들 역시 그들의 목표를 달성할 수 있는 기회를 증대시킬 것이라고 생각한다. 도이치(Deutsch, 1949)는 이와 같은 심리적 현상을 다음과 같이 말하고 있다. 첫째, 대처능력(substitutability)으로서, 협동관계 속에서의 성원들의 행위는 교환될 수 있다. 만약 각각의 성원이 배분된 어떤 행위에 참여하게 되면, 집단 내에서의 또 다른 성원들은 동일한 행위를 반복할 필요가 없는 것이다. 둘째, 적극적 정신집중(cathexis)으로서, 만약 협동관계 속에서의 한 성원의 행위로 인하여 다른 성원들의 목표를 달성하도록 한다면, 한 성원의 행위는 다른 사람들에 의해 호의적으로 평가 될 것이다. 셋째, 유도력(inducibility)으로서, 협동관계 속에서 한 성원의 행위를 통해 다른 성원들의 목표가 달성되었다면, 다른 성원들은 목표를 달성토록 도와준 한 성원의 노력에 적극 동참할 것이다.

이와는 반대로 만약 한 성원이 다른 성원의 행위가 자신의 목표달성 기회를 증가시키기보다는 오히려 감소시킨다고 생각되면 그는 대체능력, 적극적 정신집중, 적극적 유도력과는 정반대로 기대할지도 모른다(Deutsch, 1962). 이를테면 그는 다른 성원의 행위를 촉진시키기보다는 방해할 것이고, 좋아하기보다는 싫어할 것이며, 다른 성원의 행위에 만족하기보다는 자신의 행위를 수정할 것이다.

따라서 어떤 사람은 관련된 개인들의 행위가 목표달성 기회를 증대시키는지 감소시키는지에 따라 협동·경쟁상황에서 판이하게 다른 행동유형을 기대할 수도 있는 것이다. 도이치(Deutsch)에 의하면 개인은 다른 사람들의 행위가 자신의 목표달성 기회를 촉진시켜 줄 것이라고 인식할 때, 자신도 다른 사람들의 행위를 촉진시켜 주려는 경향이 있으며, 이와 반대의 경우에는 다른 사람들의 행위를 방해하려는 경향이 있다고 하였다.

2) 학급에서의 갈등해결

학급 내의 분위기가 매우 협동적인 상태일지라도 학급 내의 갈등은 조금이라도 있을 수 있으며, 또 언제든 다양한 상황에서 갈등이 촉발될 수 있다. 갈등을 생산적으로 해결하기 위해서는 타인의 지위와 동기에 대한 명확한 지각, 정확한 의사소통, 타인에 대한 신뢰로운 태도 등을 반드시 가져야 한다. 학급상황이 아주 경쟁적이든 협동적이든 간에 그것은 갈등상황에서 학생들의 의사소통, 태도, 그리고 과업지향성에 영향을 주기 때문이다.

3) 갈등상황에서의 의사소통

갈등이 협동적 상황에서 일어나든 경쟁적 상황에서 일어나든 간에 그것은 당사자들 간의 의사소통에 많은 영향을 미친다. 매우 협동적인 상황에 있어서, 적설한 정보에 대한 의사소통은 매우 개방적이므로 정확한 정보를 알려주기도 하고 타인에 의해 정보를 제공받기도 한다. 그러나 아주 경쟁적인 상황에서는, 의사소통이 부족하거나 의사소통을 잘못 인도해 줌으로써 갈등이 해결되지 않는다.

경쟁은 다른 사람이 의사소통을 하지 않으려고 하는 정보를 얻기 위해 염탐하게 하거나 다른 기술을 갖도록 하는 경우도 있다. 갈등을 건설적으로 해결하기 위해서는 공공연하게 또는 암암리에 상대와 의사소통할 수 있는 수단이 있어야 한다. 계속해서 효과적인 의사소통을 하는 것이 갈등해결을 위해서 매우 중요하다.

루미스(Loomis, 1959)는 의사소통이 다음과 같은 교섭상황에서 협동심을 유발할 때에 효과적이라고 말한다. 첫째, 자신의 정확한 취지에 대한 설명, 둘째, 타인의 행도에 대한 자신의 기대 설명, 셋째, 자신의 기대에 미치지 못할 때에 수반되는 자신의 계획된 반응설명, 자신의 기대에 부응하지 못함으로써 발생하는 문제에 대한 협동성 제고방법의 설명 등이다.

4) 갈등상황에서 타인에 대한 태도

갈등상황에서 타인에 대해 한 개인이 지니고 있는 태도는 그가 어떻게 행동해야 하는지에 많은 영향을 미치게 된다. 가령, 개인이 상대방을 불신하게 되는 경우 그는 상대방에게 종종 정보를 숨기거나 잘못된 정보를 전달하려 할 것이다.

도이치(Deutsch, 1966)는 협동적 관계는 타인에 대해 신뢰롭고 우호적인 태도를 가지게 하며, 타인의 요구에 기꺼이 도움을 주려는 경향이 커지는 반면, 경쟁적 관계는 타인을 의심하고 적대시하는 태도를 갖게 됨으로써 타인의 요구에 부정적으로 반응하려는 경향성이 증대된다고 하였다. 그러므로 협동적 관계가 유지되는 학급에서, 교사와 학생들은 각기 다른 사람들에게 도움을 주려고 할 것이며, 상호간의 신뢰감이나 애착심이 더욱 높아지게 될 것이다. 그러나 경쟁적 관계가 유지되는 학급에서 교사와 학생들은 각자의 요구를 서로 이용하고 서로 경멸하며 불신하게 될 것이다.

5) 갈등상황에서의 과업지도

갈등이 매우 협동적인 상황에서 일어났느냐 아니면 아주 경쟁적인 상황에서 일어났느냐 하는 것은, 몇 가지 과업지도라는 측면에 영향을 미칠 것이다(Deutsch,

1966). 만약 상황이 매우 협동적이라면, 각 개인은 서로의 관심사에 대한 정당성을 인정하고 각자의 주장에 대하여 문제해결점을 모색하려는 경향이 있을 것이다.

반면에 상황이 아주 경쟁적이라면, 각 개인은 타인의 관심사에 대한 정당성을 부인하고 자신의 생각대로만 문제를 해결하려 할 것이다. 매우 협동적인 상황에서 각 개인은 설득을 통해 서로에게 영향을 주고받으며, 서로의 힘을 증진시키려고 노력할 것이다. 즉 아주 경쟁적인 상황에서는 각 개인은 자신의 힘을 증대시키고 타인의 힘은 감소시키려고 함으로써 서로를 억압하려 들 것이다.

갈등이란 작으면 작을수록 보다 쉽게 해결된다. 참여자들은 갈등을 큰 것으로 정의하느냐 작은 것으로 정의하느냐, 이 중의 하나를 선택하게 되는 데 갈등을 크게 정의할수록 갈등해결은 더욱 어려워진다. 갈등의 크기에 대한 정의를 확대하게 되면 참여자에게 갈등동기의 중요성을 증대시키고 감정적 개입을 강화시킴으로써, 쌍방의 불행보다는 한 쪽에 패배감을 주게 된다. 갈등의 크기에 대한 정의를 축소하게 되면 참여자에게 갈등동기의 중요성과 참여자들의 감정개입을 감소시키게 된다. 그리하여 그들은 기꺼이 타협하여 동의에 이르게 된다.

6) 협동의 시작

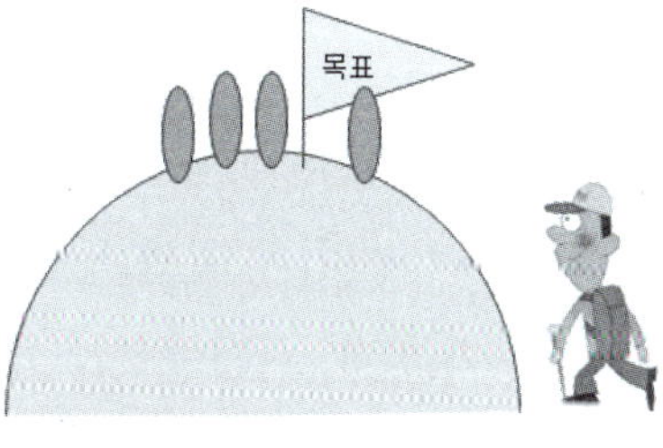

학급에서 갈등을 해소를 위한 방법에 대하여 몇 가지 제시하면 다음과 같다(성용구, 2005). 첫째, 갈등상황에서 타인을 위협하게 되면 오히려 경쟁심을 자극함으로써 갈등해결은 어렵고 방해하는 사태를 불러일으킬 수 있다. 위협은 공격적 행위이므로, 공격적 행위에 대한 최선의 방어는 역공세를 취하게 된다. 그러므로 어떤 상황에서든, 타인으로부터 협동심을 유발하기 위해서는 위협과 위협적인 여타의 시도는 배척되어야 한다.

둘째, 상대방으로부터 협동심을 이끌어내기 위한 행동상의 합리적인 전략이 필요하다. 예컨대 ① 상대방이 어떻게 하든 간에 관계없이 협동적으로 반응하는 무조건적 협동, ② 상대방이 무엇을 하든 간에 관계없이 경쟁적으로 반응하는 무조건 경쟁, ③ 상대방이 어떻게 하느냐에 따라 그의 행동에 맞추는 조건적 협동을 예로 들 수 있다. 여기서 ③은 가장 효과적인 협동전략이 될 것이고, ①과 ②는 비효과적인 협동전략이 될 것이다. 특히 도이치(Deutsch)는 가장 바람직한 전략은 타인의 협동적 행동에 관대하게 반응해 주는 것이며, 반대로 적대감에는 응수하지 않는 것이라고 하였다.

학급에서 교사는 거시적인 목표를 설정함으로써 경쟁적 상황을 협동적 상황으로 재구성할 수도 있다. 교사가 설정한 학급의 거시적 목표는 경쟁적인 관계의 학생일지라도 쉽사리 무시될 수 있는 게 아니라 상위목표를 달성하기 위해서 양자 간, 또는 다자 간의 노력을 촉발시킬 수 있으므로 협동적 전략이 될 수 있다(Sherif, 1966).

따라서 교사들은 학급의 경쟁적인 구도를 완화시켜 협동적 시스템으로 이끌기 위해서는 누구나 참여하고 역할을 할 수 있는 거시적인 목표를 설정하는 것도 하나의 대안이 될 것이다.

4 역 할

1) 역할 개념

일반적으로 역할(role)이란 개인의 지위(status)에 부여된 마땅히 하여야 할 일이며, 여기서 지위란 집단 내에 개인이 차지하고 있는 사회적 위치(social position)를 말한다. 사회체제 속에서 역할은 상호의존적이고 보충적인 관계를 가지고 있다. 예컨대 학생의 역할은 교사의 역할과 상호의존적이며, 권리와 의무를 동시에 지니고 있다. 사회조직은 지위와 역할의 구조라고 할 수 있으며, 지위와 역할은 사회구조와 문화 특성에 따라 가변적이고 유동적이다. 그럼에도 불구하고 지위와 역할 간에는 일치하는 것이 일반적이나 불일치와 갈등이 유발되기도 하고, 갈등 간에도 역할 갈등이 발생하여 지위 불안정과 심적 고뇌와 번민이 일어나기도 한다. 이러한 개인이 사회 집단 내에서 차지하는 자리 혹은 위치를 사회적 지위라고 한다. 이 같은 사회적 지위는 태어나면서 자연적으로 주어지는 경우도 있고, 자기의 의지와 노력으로 선택하고 획득하는 지위도 있다. 전자를 귀속적 지위(ascibed status), 후자를 업적적 혹은 획득적 지위(achieved status)라고 한다.

역할의 주요 개념에 대하여 살펴보면 [그림 5-2]와 같다.

| 역할 개념 |

① 역할 행동(role behavior): 개인의 지위에 따라 수행해야 할 본연의 행동
② 역할 지각(role perception): 개인이 자기가 할 일에 대하여 알아차림
③ 역할 기대(role expectation): 개인의 역할에 대한 타인의 기대
④ 역할 갈등(role conflict): 역할 지각의 차, 기대의 차, 지각과 기대의 차에서 오는 갈등
⑤ 역할 취득(role taking): 개인이 자신이 수행해야 할 역할 습득
⑥ 역할 속(role set): 개인이 동시에 가지고 있는 여러 가지 역할들

사회체제 속에서 역할은 상호의존적이고 보충적인 관계

〔그림 5-2〕 역할의 주요 개념

2) 역할 갈등

학교의 교장은 학급에서 엄격하고 지배적이길 기대하고, 학생들은 교사에게 이해력 있고 민주적이기를 기대할 때 무슨 일이 일어날 것인가? 어떤 학생들은 수업시간 중에 교사가 조용한 토론을 허락해 주길 원하고, 또 다른 학생들은 교사가 엄격하게 침묵을 지키도록 해주길 기대할 때 무슨 일이 일어날 것인가? 조용하고 온화한 교사가 사자처럼 행동하기를 기대한다면 무슨 일이 일어날 것인가? 교사가 운동장에서 학생들의 잘못된 행동을 보게 될 때 또 무슨 일이 일어날 것인가? 이상의 모든 것들이 역할 갈등을 나타낸 예이다. 역할 내 갈등 사례를 보면 다음과 같다(성용구, 2005).

| 역할 갈등 사례 |

역할 내의 갈등(intra role conflict)은 어떤 지위에 있는 사람이 보충적인 지위를 차지한 사람의 역할 기대에 대립되거나 모순적일 때 나타난다. 이를테면, A 교사는 영수 학생의 비행을 학생 스스로가 처리하도록 기대하는 경우도 있고, 반대로 비행을 교장에게 보고하여 처리하도록 기대하는 경우도 있다. 역할 기대의 갈등은 모순적이거나 대립하는데, 그 기대가 모순될 때 어떤 사람에게 요구되는 행동은 다른 사람에게 요구되는 행동과는 서로 배타적인 것이다. 영수 학생은 자신의 비행을 A 교사가 눈 감아 주길 기대하고, 교장은 A 교사가 모든 경우의 비행을 철저히 보고하기를 기대한다.

그 속애서 기대가 대립될 때 기대된 행동은 상호 배타적이기보다는 A 교사가 둘 중에 하나를 선택하도록 기대하고, 영수 학생은 A 교사에게 자신의 비행에 대해 충분히 성찰할 수 있는 시간을 주도록 기대하는 것처럼, 역할 기대는 A 교사가 시간의 제한 때문에 모든 역할 기대를 충분히 따르지 못할 때 대립으로 나타난다.

〔그림 5-3〕 역할 갈등의 사례

3) 역할 갈등의 결과

역할 갈등이 일어나면 교사의 직무만족도를 저하시키며 효율성을 떨어뜨리게 된다. 역할 갈등은 집중력을 떨어뜨리고 긴장을 유발하며 시간이 경과함에 따라 불안을 야기시킨다(Charter, 1963). 뿐만 아니라 유능한 교사를 교직에서 떠나보내는 직업상의 불이익을 초래하게도 하고, 그 자리엔 가장 온순하고 복종적인 사람, 잘 인내하고 갈등을 극복할 수 있는 사람들로 채워지기도 한다. 역할 갈등은 교단을 황폐화시킬 수 있는 만큼 슬기롭게 대처할 필요가 있을 것이다.

4) 교사의 역할 수행

교사가 수행해야 할 역할은 매우 많다. 그 중에서 핵심적인 역할 다섯 가지만 제시하면 다음과 같다(허은주 외, 2012).

① 수업(teaching): 교사에게 중요한 수업은 어떤 역할 중에서도 최우선적으로 수행해야 할 본연의 역할이다.

② 학생지도(guidance): 수업과 더불어 교사에게 기대되는 학생지도의 역할은 수업을 돕고 수업의 효과를 극대화하기 위하여 수행해야 할 역할인 것이다.

③ 연구(research): 이 기능은 유·초·중등 모든 교사들에게 교사의 수업, 지도 역할을 원만히 수행하기 위해 필수적인 역할이다.

④ 행정업무(task treat): 교사에게 부수적으로 기대되는 역할로 출결, 성적관리 등 소홀할 수 없는 교사의 보조적 역할이다.

⑤ 사회봉사(service): 교사가 지역사회에 대하여 사회지도자로서 수행해야 할 역할을 말한다.

이 외에도 교사는 학생에 대하여 대리부모, 애정대상자, 심판자, 조정자, 친구로서의 역할 등이 있다. 역할이론이 교사에게 주는 시사점은 다음과 같다.

① 교사에게 수업이 가장 중요한 역할임을 고려해 볼 때, 유능한 교사는 수업에 의하여 인정, 평가, 평가를 받아야 한다. 그러므로 교사는 질 높은 수업을 위해 무한한 책임감을 가지고 노력해야 한다.

② 교사의 역할 중 연구의 기능은 많은 교사들에게 소홀하기 쉬운 기능이다. 학생의 성적은 교사의 질을 넘지 못한다고 볼 때, 가르치는 자는 배움을 게을리하지 말아야 한다. 우리나라 교무실은 아직 연구실의 풍토가 정착되지 못하고 있다. 교사의 과중한 업무와 동료들의 인식 부족, 교사의 안일한 태도, 승진위주의 연구 등으로 인해 교사의 연구기능이 미흡한 형편이다. 이런 점에서 장차 교육현장에서 교사의 연구기능은 더욱 강화될 필요가 있다.

5 집단 역동

학교이 교수-학습 과정은 변화무쌍하고 매우 생동적인 과정이며, 살아 움직이는 역동적인 과정이라고 할 수 있다. 집단역동(group dynamic)이란 집단 내에 구성원들 사이에 서로 접촉하면서 끊임없이 영향을 주고받는 변화, 적응과정을 말한다(강상철, 1987).

학교 구성원들 간에 목표 달성을 위하여 주고받는 인간관계의 유형은 공적관계와 사적관계로 나누어 볼 수 있다. 공적인 관계는 구성원들이 공식적인 과업을 달성하는 데 요구되는 사무적인 관계이고, 사적 인간관계는 비공식적이며 개인적 인간관계를 말한다. 공적인 관계가 인체의 골격 기능을 한다면 사적인 관계는 신경계통이나 근육의 기능을 한다. 우리 인체가 살아 움직이려면 골격뿐만 아니라, 신경계통과 근육이 함께 움직여야 하듯이 조직도 구성원들 간의 공적·사적 인간관계가 함께 움직여야 역동적인 사회로서의 구실을 할 수 있는 것이다.

특히 우리나라의 경우 공선사후(公先私後)의 행동원리가 있지만 사적인 인간관계가 공적인 관계 못지않게 중요하게 작용하는 사회이고 보면, 목표달성에 있어서 사적 인간관계가 매우 큰 비중을 차지한다고 볼 수 있다. 학교사회 안에서 구성원들 간의 인간관계의 흐름이 교사를 중심으로 구조화해 볼 수 있다. 학교 안에서 인간관계의 흐름에서 교사를 둘러싸고 흔하게 일어나는 상황을 살펴보고자 한다.

1) 교사-학교 행정가

① 공적 관계: 제도적, 사무적, 행정적 업무수행에 따른 관계

② 사적 관계: 개인적인 인간관계로 교장이 교사의 개인적 기대를 파악, 수용, 충족시켜 주고 교사의 업무적성을 고려, 자율성 보호, 지지, 인정해 줄 때 교사의 사기가 진작되고 직무만족도가 높아지며 능률이 제고된다.

2) 교사-교사

① 공적 관계: 학년, 반, 교과목, 담당사무 등 공식적 역할 수행에 따른 관계

② 사적 관계: 출신학교, 지역, 연령, 취미, 성격, 전공 등으로 인하여 맺어지는 인간관계인데, 교사의 공적 관계를 유지하는 데 매우 중요한 기능을 한다.

3) 교사-학생

① 공적 관계: 교과수업, 생활지도를 중심으로 가르치고 배우는 관계

② 사적 관계: 교사는 공과 사를 분명히 해야 하며, 편애를 하지 말아야 한다. 공적 과업 결정시 학생의 의사가 반영되도록 해야 하며, 학급 특성, 과업의 사정에 따라 융통성 있고 다양한 역량을 발휘해야 한다.

집단 역동이 교사에게 주는 시사점은 다음과 같다.

① 교사는 학교사회와 역동성을 이해하고, 원만한 공적·사적 인간관계를 맺기 위하여 노력해야 한다.

② 우리나라는 사적인 관계가 공적인 관계보다 강하게 작용하는 경우가 흔히 있다. 공사를 분명히 구분하고, 공선사후(公先私後)의 태도를 갖고 학교조직의 인간관계를 재정립할 필요가 있다.

③ 교사와 학생의 사적 관계에 있어서도 교사도 인간이기 때문에 아무리 균등하게 관심을 쏟는다고 해도 우등생, 용모가 단정하며, 좋은 가정의 아동을 편애하기 쉽다. 그러므로 교사는 열등생, 용모가 빠지며, 가정형편이 좋지 않은, 불리한 결손집단 아동들에 대해서 특별한 관심을 가지고 역 편애를 해주어야 한다. 또한 학생들의 지각경향을 통하여 편애하지 않는다는 느낌이 들 수 있도록 하여야 한다.

6 집단규범과 동조현상

1) 집단규범의 의미

학급 안에는 교사들이 학생들에게 어떤 동기를 부여해 주기 위해 생산적으로 사용할 수 있는 강력한 집단의 힘이 있다. 집단규범이 그 집단 내에서의 적절한 행동을 자세히 열거해 줄 때, 그 규범들은 다른 어떤 요소들보다도 효과적이다. 그것은 학급에서 교육목적을 성취하기 위해서나 교사와 학생들이 협동하도록 하기 위해서 학생들의 동기를 유발시킬 것이다. 규범은 사회체제 구성원들에게 그들의 행동양식을 명확하게 해주는 평가 유형에 대한 공동신념이라 할 수 있다.

결국 규범은 사회체제에 의해서 기대되는 행동이므로 특정한 '당위성'이나 '필연성'을 가지고 있다. 즉 학생들은 '복도에서 뛰면 안 된다, 수업에 지각하면 안 된다, 결석하면 안 된다'와 같은 것들이다.

규범은 사회체제의 구성원들이 그것을 이행해야 하는지에 대한 동의나 일치가 있을 때, 그리고 그러한 동의들을 지키도록 하기 위한 사회적 과정이 있을 때에 존재한다. 존재하는 규범은 외부의 관찰자로 하여금 그것을 준수하도록 요구된다. 즉 행동에는 규칙이 있는데, 그러한 규칙을 위반하는 경우에 집단은 규범에 호소하거나 강화인(reinforcer)으로서의 힘을 발휘함으로써 그것을 준수하도록 시도할 것이다. 그리고 그 규범을 어긴 사람은 규범을 준수하기 위하여 의무감을 느낄 것이고, 또한 탈선에 대한 죄의식이나 갈등을 나타내기도 할 것이다(Thibaut & Kelley, 1959).

개인의 행동에 영향을 줄 수 있는 규범이 되기 위해서는 개인은 자신의 행동에 대해 규칙이 존재한다는 것을 인식해야 한다. 조직이나 집단의 다른 구성원들도 규칙을 따르고 받아들여야 한다. 학생들이 규칙을 수용하고, 그의 동료들도 그것을 받아들이는 것으로 인식하여, 학습에서 학생들 스스로가 그 규칙을 강화하는 정도에 한해서 규범이 되는 것이다(송병순, 1988).

2) 집단규범의 기능

규범들은 사람들을 사회체제 내에 묶어 버리는 일반적인 기능을 가지고 있으므로, 사람들은 체제 내에 머물러 그들의 역할을 수행하게 된다. 따라서 학급 내에서 교사와 학생의 역할들은 그들에게 적합한 행동유형을 명시하게 하는 학교규범에 의해 통합되어진다. 예컨대 교사는 효과적으로 가르쳐야 하며, 학생들은 배워서 좋은 성적을 얻고 진보하여야 한다. 이와 같은 '당위성'은 개인이 규범을 지각하고 받아들임으로써, 그리고 조직 내 그의 동료들도 받아들인다는 것을 인식함으로써 규범이 되는 것이다. 규범은 사회체제의 지배적인 기능으로써 규범이 되는 것이다.

규범은 사회체제의 지배적인 기능을 수용하도록 하며, 또한 사회체제의 성원들이 어떻게 행동해야 될 것인지를 알려 주기로 한다. 학급에서 학교규범은 교육과정과 교사와 학생, 학생과 학생의 상호작용과 관련 있다. 이를테면 수업 중에 여러 가지 질문이 제기되는 경우 한 번에 한 학생만이 말해야 한다고 규정해 놓은 규범은, 교사로 하여금 제기된 모든 문제들을 충분히 다룰 수 있게 하고, 학생들은 그 대답을 듣고 이해할 수 있게 해줄 것이다.

사회체제의 규범을 수용하면 체제 내에서 행동이 평가되는 일반적인 준거들을 제공받게 된다. 이 같은 준거들은 사회체제의 구성원들로 하여금 가치에 대한 동질성을 갖게 한다.

규범은 비형식적 또는 일시적인 행위를 통제하는 데에도 사용된다. 교사는 자신의 힘을 사용함으로써 학생들을 움직이지 않고 앉아 있게 할 수도 있고, 수업 중에 주의를 기울이게 할 수도 있다. 그러므로 적절한 규범을 설정하게 되면 순간순간에 힘을 행사하지 않고도 학급을 통제할 수도 있다. 그러한 규범은 순간적으로 힘을 사용함으로써 얻은 결과보다도 더 경제적이고 효과적인 일련의 결과를 가져올 것이다.

교사는 학생들의 저항이나 비자발적인 협동성을 야기할 수 있는 강압적인 힘을 행사하려 하지 않는다. 학생들은 교사에게 요구되는 역할과 권위의 한계를 열거해 놓은 규범을 통해, 교사에게 점점 영향력을 가지게 됨으로써 교사들이 변덕스러운 방식으로 힘을 행사하지 못하도록 하게 한다.

3) 집단규범과 동조현상의 관계

동조현상을 설명할 때 일반적으로 집단규범에 순응행동으로 본다. 사회에서 규범에 대한 동조현상은 개인의 행동이 합리적이고 주관적인 방향보다, 그가 속해 있는 다수 성원이 지향하는 방향으로 따르는 행동경향을 말한다. 이 현상은 학급에서 학생들의 행동변화를 위해 유용하게 적용할 수 있다. 선도집단(guided group)을 활용하여 규칙위반 학생들의 행동을 수정할 수가 있다.

학생들의 집단규범에의 동조가 잘 이루어지는 경우는 다음과 같은 나섯 가지 상황을 예로 들 수 있다.

① 집단규범이 명확한 상황일 경우

② 구성원들이 서로 감시 및 감독하게 될 경우

③ 집단에서 구속력이 강할 경우
④ 집단 내의 응집력이 강할 경우
⑤ 동조자에 대한 사회적 후원이 풍부할 경우

4) 교사에게 주는 시사점

학급규범을 설정할 때 몇 가지 일반적인 지침을 살펴보면 다음과 같다(성용구, 2005).

첫째, 학생들이 집단규범으로서의 학급규정을 받아들이기 위해서는 먼저 그들이 현재의 규정을 인식하고, 그 다음으로 다른 학생들이 그 규정을 수용하고 따른다는 것을 지각해야 하며, 그 규정에 따르겠다는 것을 마음속으로 느껴야 한다. 그러므로 교사는 규범으로서의 학급규정을 만들 때에 그 규정의 적용을 받는 모든 학생들에게 그것을 명백히 이해시켜야 하며, 다른 학생들이 그 규정을 받아들여서 준수하는 정도로 알려주어야 한다.

둘째, 학생들은 규범이 그들의 목표와 과업달성을 용이하게 해주는 것으로 지각하는 경우에 그 규범을 받아들이고 내면화할 것이다. 그러므로 교사는 끊임없이 학교규범에 순응함으로써 학생들의 목표달성을 용이하게 하는 방법을 명확히 해주어야 한다.

셋째, 학생들은 가능한 한 빨리 규범을 자신들의 행동에 적용해야 한다. 교사는 규범을 시행할 때, 가능한 일관성을 가져야 하며 잘못된 행동에 대한 주의도 일관성 있게 주어야 한다. 더욱이 교사나 학습에 의해서 시행되는 어떤 규범도 목표달성을 용이하게 하기 위해서 존재함을 기억해야 한다. 또한 학급에서 규범이 너무 엄격하게 시행된다면, 학급활동을 지나치게 구속하게 됨으로써 학생의 창의성, 자발적 학습활동, 자아성취 풍토가 저하될 수 있음을 인식해야 한다.

넷째, 학생들은 규범이 자신들의 것이라고 느낄 때 그 규범을 내면화할 것이다. 그러므로 교사들은 학교규범이 가능한 한 민주적인 방법으로 이행될 수 있게 해야 한다.

다섯째, 교사는 규범에 순응하도록 하기 위해 적절한 모델을 제시하고, 학생들에게 적절한 행동을 발현할 기회를 주어야 한다.

여섯째, 교사는 학급의 목표달성을 용이하게 하는 학생들의 문화적 규범을 학급에 불어넣어야 한다.

일곱째, 온화하고 협동적이며 신뢰로운 학급풍토를 조성함으로써 학급규범에 잘 순응하도록 한다.

여덟째, 교사는 학생과 교사 사이에 직접 영향을 미치는 문제에 순응하도록 해서는 안 된다. 즉 학급규범에 순응하는 학생은 교사로부터 직접 영향을 받는 게 아니라 규범에 의해 영향을 받는 것이다.

아홉째, 규범은 목표달성을 용이하도록 하기 위해 존재하는 것이므로, 언제든지 더 나은 규범으로 대치될 수 있는 유연성이 있어야 한다. 많은 규범은 대다수의 학생들이 가장 효율적인 규범이라는 데 동의할 때까지, 학급에서는 끊임없는 대화가 이루어져야 한다.

생각의 나무

1. 교사가 좋은 학급 풍토 조성을 위해 어떤 노력이 필요할지 생각해 봅시다.
2. 학급에서 교사와 학생, 학생과 학생 간에 나타날 수 있는 갈등요인은 무엇이었을지 생각해 봅시다.
3. 집단규범은 학생들에게 통제의 수단이 될 수도 있지만, 집단 활성화를 위한 수단이 될 수도 있다. 집단규범이 가져야 할 성격에 대하여 생각해 봅시다.

CHAPTER

06

문화와 교육

학습주제

1. 문화의 의미
2. 문화의 속성
3. 문화의 교육적 기능
4. 문화의 내용
5. 문화와 관련된 개념들
6. 문화와 교육의 관계

가난한 것이 비극이 아니라 가난을 이기지 못하는 것이 비극이다. 위대한 사람은 시간을 창조해 나가고 범상한 사람은 시간에 실려간다.

— 사회학자 Gintis

1 문화의 의미

물고기가 물을 떠나서 살 수 없듯이 인간은 문화를 등지고 살 수 없는 것이다. 삶 자체가 문화이며, 생활양식과 행위방식이 문화에 의해 규정되기 때문이다. 그러므로 인간의 삶과 관계되는 것은 문화 아닌 것이 없으므로, 삶의 양식이 다양하고 행위방식이 개개인에 따라 상이하기에 문화 역시 다양한 문화와 이질적인 문화, 그리고 동질적인 문화가 동일한 시공간을 점유하면서, 마치 물고기가 물속에서 살고 있는 것처럼 인간도 문화와 함께 호흡하면서 생활을 한다.

인간 생존의 기본요소인 입고 먹고 잠자는 생활의 의(衣)·식(食)·주(住)는 문화의 근본으로서 의복문화·음식문화·주택문화가 인류 공통의 보편적 문화라고 할 수 있다.

문화에 대하여 어원적으로 의미를 살펴보며 문화(culture)라는 말은 라틴어의 'Cultura'에서 유래된 cultivation, 즉 경작·재배·배양·가공의 의미를 갖는다. 문화는 인간의 욕망에서 출발하여 욕구를 표현하고 충족시키기 위해서 자연을 대상으로 경작하고 재배·배양함으로써 문화가 형성되고 창출되며 문화가 완성되어 간다. 예컨대 흐르는 강물은 자연이나 강물을 이용하여 수력발전소를 건설해 전기에 의해 기계 기술의 발달과 공업의 발전이 이루어지는 것을 문화라 할 것이다. 농업이라고 하면 agriculture인데, agri는 ager, 즉 토지·경지·땅을 의미하며, culture-cultura는 경작·재배의 의미로 보시 경작과 재배가 농업이고, 농경문화가 모든 문하의 원형으로서 이전 산업사회의 주류문화였으며, 이는 우리나라는 물론이고, 서구 선진국 문화 역시 농업중심 문화로부터 발전해서 근대 산업사회로의 과학기술문화로, 그리고 현대사회로의 지식정보문화로 발전해 가고 있다.

그러므로 자연과 문화는 상호 유기적이고 상호의존적 관계로서 인간·자연·문화의 삼위일체적인 통일체를 이루면서 공생공존한다. 만일 그 같은 상생관계에 문제가 생기면 문화와 문명의 위기와 인류의 재앙을 필연적으로 동반한다는 것은 말할 필요가 없다. 역사적으로는 동서양 문화가 중세까지는 자연과 인간이 공존공생의 상호관계를 유지해 왔으나, 근대 과학문명이 발달하고 산업화·도시화의 고도 공학

사회로 발전하면서 인간이 자연을 지배하고 자연을 도구화하면서 자연파괴와 생태계 위기를 불러오고 있다. 인간 생명의 위협과 온갖 질병과 환경오염은 자연과 인간의 공멸의 상태에 이르게하므로 인간문명과 과학기술에 대한 반성과 함께 자연과 인간의 관계 회복을 위한 전 지구적 노력이 절실하다. 인간에 의해 훼손된 자연의 상처는 결국 부메랑이 되어 인간 자신의 죄과로 되돌려 받기 때문이다.

자연은 보편적이고 모든 인간에게 공통적이며 절대적이라 할 수 있으나, 문화는 상대적이며 조작적이며 인위적이라 할 수 있다. 예컨대 인간이 음식을 먹는 행위는 모든 사람에게 시공을 초월한 보편성, 절대성과 불변성을 갖는다. 그래서 그 같은 행위는 자연적이라 할 수 있다. 그러나 음식을 요리하고 조리하는 재료나 조리법은 다양하며 상이하다. 국가에 따라, 사회에 따라, 지방에 따라 다르며 식사예절이나 식사습관이나 양식도 다르다. 그것이 문화이기 때문이다. 음식을 먹을 때 생리적으로 입 안에서 타액 분비작용이 일어난다. 그것은 세계 인류의 공통이며 본능적이므로 자연현상이라 할 수 있다. 따라서 문화는 심리현상이기도 하지만, 사회적 유전이라 할 수 있다. 즉 사회적 신호(signals)에 대한 반응이다. 사회계층에 따라 문화 차이가 있으며, 사회체계나 조직 특성에 따라서도 다르다. 즉 조직문화, 기업문화, 학교문화가 이렇게 해서 발생하고 발달하는 것이다(허은주 외, 2012).

문화는 사회의 거울로써 언어가 사람의 인품을 나타내듯 사회구성원이 공유하고 사회구조를 유지시키는 데 기여하는 규범, 기대, 가치, 지식, 신념체계를 의미한다. 그래서 문화와 사회는 상보적 관계와도 같다. 사회구조는 구성원들이 부딪히는 외재적이고 구속적이며 사회제도, 정치제도, 경제제도나 제반 체제에 의해 인간은 통제된다. 반면에 문화는 그 같은 사회세계에 참여하면서 학습하고, 사회규범과 가치를 내면화하는 집합정신의 프로그램이며, 소프트웨어와 같다면 사회는 하드웨어에 비유된다. 그러므로 문화는 사회환경에서 나오는 것이지, 유전인자에서 발원하지 않는다. 어떠한 사회환경이냐가 어떠한 문화이냐를 결정하는 것이며, 어떠한 문화의 지배를 받느냐가 그 사회의 성격을 결정한다. 문화는 온갖 형태의 인간의 생각, 느낌, 행동을 포괄한다고 전제할 때 문화는 의미의 원천이며, 생명을 안전하게 하며, 영속시키기 위한 인간의 내적, 외적 욕구를 충족시켜 주는 에너지이다. 이처럼 문화는 복합적인 총체성의 개념으로 물질적, 정신적, 사회정치적, 경제적, 종교적, 예술적인 면을 포괄하는 개념이다. 이는 마치 인간의 머리, 가슴, 몸통, 팔과

다리, 눈과 귀, 코 모두를 총칭해 인간이라고 정의하는 것과 같다(최정웅, 양경숙. 2002).

2 문화의 속성

문화라는 개념 규정에서 학자들 사이에 다양한 견해를 보이고 있으나 어떤 것을 문화라고 부를 때 그것이 갖는 공통된 속성에 관하여서는 비교적 같은 의견을 보이고 있다. 이종각(1997: 44~53)은 문화의 속성을 여섯 가지로 설명하였다(허은주 외, 2012).

1) 문화의 공유성

문화는 어떤 집단의 구성원이 공통적으로 가진 생활양식 또는 사고양식을 말한다. 문화는 개체의 특성을 가리키는 것이 아니라 집단에 의해 공유된 특성을 말하는 것이다. 문화의 속성으로서 공유성은 집단 구성원들로 하여금 사회생활을 가능하게 해주고, 원활하게 하며, 규칙성을 부여한다. 따라서 어떤 집단이든 공유된 생활양식이 있으며, 우리는 그것을 문화라 부른다. 생활양식을 공유한다 함은 구체적 상황에서 상대방이 어떻게 행동할 것인지 그리고 그가 우리에게 무엇을 기대할 것인지를 서로 알고 있음을 뜻하며, 바로 이 때문에 사회생활이 가능하고 원활해진다.

2) 문화의 통합성

타일러(Tylor, 1871)의 정의에서 나타난 것처럼, 문화는 지식·신앙·예술·법률·도덕·관습 등의 수많은 구성요소들의 복합적 전체를 의미한다. 복합적 전체란 문화를 구성하는 많은 요소들이 상호 무관하게 임의로 존재하는 것이 아니라, 긴밀한 관련된 체제를 갖고 있다는 말이다. 즉 문화는 여러 구성요소로 구성되어 있지만, 그러한 요소들의 단순한 총화가 아니라 서로 유기적으로 긴밀하게 관련되어 있으며, 통합적인 원리가 내재되어 있다는 것을 보여주고 있다.

3) 문화의 학습성과 누적성

인간의 문화는 유전적 요인에 의해 결정되는 것이 아니며, 인간은 어떤 문화이든 학습할 수 있는 능력을 가지고 있다. 이러한 능력을 사용하여 구체적으로 어떤 문화를 학습할 것인지는 그가 살면서 접하게 되는 문화적 환경이 무엇이냐에 달려 있다. 따라서 한 집단의 구성원들이 그 집단의 문화내용을 배우면서 그 집단의 생활에 적응해 가는 과정을 '문화화'라고 하며, 이는 넓은 의미에서 교육과 같다. 특히 현대의 복합사회에서 생활양식과 사유방식의 공유체인 문화를 세대에서 세대로 전달해 주는 데 있어서 학교교육의 기능은 대단히 중요하다. 문화의 학습성과 아울러 문화화 또는 교육에 있어서의 문화는 대체로 전승되며 누적된다. 이러한 문화의 누적성 또한 인간에게만 있는 특성이며, 문화를 사회적 유산이라고 할 때는 문화의 누적성을 강조한 것이다.

4) 문화의 초유기체성

문화의 초유기체성(超有機體性)이라 함은 문화가 생물학적인 또는 심리학적인 것과는 다른 수준의 것임을 의미한다. 생활양식과 사유양식으로서의 문화는 개인에 의하여 담당되고, 개인의 생활과 행동 속에 표현된다. 그러나 개인은 사회구성원으로서의 인간이며, 그의 행동은 사회적으로 인정된 행동양식이어야 한다. 따라서 생활양식이란 사회화된 집단의 생활양식이지, 개인이 임의로 조작한다는 것이 아니다. 이러한 의미에서 문화는 개인에 의해서 담당되지만, 초개인적 또는 초유기체적인 것이다.

5) 문화존재의 보편성과 문화내용의 고유성 및 상대성

문화는 어떤 지역이든 어떤 조건이든 상관없이 모든 나라와 민족에 존재한다. 이처럼 문화는 어느 지역이나 집단에 존재한다는 개념이 문화의 보편성이다. 그러나 이러한 문화의 내용은 각 지역마다 동일할 수도 있지만, 그렇지 않을 수도 있다. 이처럼 문화는 그 사회 나름대로의 고유성을 가지고 발전되고 있으며, 교육은 그러한 고유성을 더욱 발전시키려고 노력한다.

문화가 서로 고유하며 상이하다는 사실은 문화가 상대적이라는 관점을 갖게 한다. 이를 '문화의 상대성'이라고 하며, 문화의 상대성은 각 문화의 고유성을 긍정하고 가치판단을 금하는 태도나 관점을 말한다. 한 사회의 관습이나 관념을 포함하는 문화는 그 사회의 맥락에서 이해되고 평가되어야 한다.

3 문화의 교육적 기능

교육은 문화내용을 가지고 인간과 사회의 관계를 매개하고, 그 매개과정을 통해서 문화를 계승·발전시켜 간다. 따라서 교육은 사회·문화와 서로 분리될 수 없는 밀접한 관계를 가진다. 여기서는 문화과정으로서의 교육의 의미를 살펴보고자 한다(강재태 외, 2007).

문화과정(culture proccss)이란 문화가 형성되고 전달·전파·계승·변화·발달하는 전 과정을 의미한다. 이러한 문화과정 속에는 다양한 요인들이 작용하지만, 그중 교육의 작용이 가장 중요한 의미를 갖는다. 그러나 문화과정이란 개념은 너무 포괄적이기 때문에 교육의 과정으로 설명하기에는 한계가 있다. 따라서 여기서는 문화과정의 양상 중 특히 교육과 밀접한 관계를 갖고 있는 문화전승, 문화전수, 문화접변에 한하여 살펴보고자 한다(허은주 외, 2012).

1) 문화전승 기능

문화전승 과정은 문화요소 중에서 가장 가치 있는 지식, 신념, 기술, 태도, 행동들을 다음 세대에게 의도적으로 전달하고 계승해 가는 과정이다. 문화전승 과정은 대부분 의도적인 교육에 의해서 이루어지지만, 의도하지 않은 사람과의 관계를 통해서 전달되기도 한다. 그렇기 때문에 인류학자들은 문화전승 과정을 교육보다 더 넓은 의미의 것으로 간주하여 교육을 문화전승 과정의 한 양태라고 규정한다.

2) 문화화와 문화전수 기능

문화화 내지 문화전수는 영어의 'enculturation'을 옮긴 말로 문화전계라고도 한다. 'enculturation'은 개인이 소속한 사회의 문화를 학습하여 그 문화에 동화되어 가는 현상을 뜻한다. 이 같은 사전적인 용어 해석에 따르면, '문화의 학습 과정'이라고 하거나 '자기문화에의 동화 과정'이라고 번역해야 할 것이다.

문화화와 문화전수 과정은 전해진 문화를 학습하고 내면화하여 동화하고, 그 문화를 다시 전달하고 계승시켜 가는 과정을 뜻한다. 따라서 교육은 문화화 내지 문화전수의 한 형태이며, 그 문화전수 과정이 계획되고 제도화된 상태에서 이루어지는 곳이 학교이다.

3) 문화접변 기능

문화접변(文化接變)은 영어의 'acculturation'을 번역한 것이며, 이를 문화이식(文化移殖)이란 말로 사용하기도 한다. 용어의 원래 뜻은 나라들 간에 서로 다른 문화가 접촉하는 과정에 영향을 미쳐 원래의 문화유형에 변화가 야기되는 현상을 말한다. 그러나 오늘날에는 이질적인 문화를 가진 개인이나 집단이 접촉하는 과정에 어느 일방 내지 쌍방에 영향을 미쳐 원래의 문화적 특성을 변화시키거나 다른 일방의 문화에 동화해 가는 과정을 설명할 때도 사용한다. 요즘은 교통과 통신의 발달로 문화접변이 초국가적 초고속화로 진행되고 있다.

4 문화의 내용

우리 주위에서 쉽게 접하고 만나는 문화의 내용은 무수히 많다. 여기에는 개개인의 세밀한 삶에서부터 사회의 광범위한 여러 요소들이 모두 포함된다. 이러한 문화의 내용은 크게 다음의 세 가지로 나눌 수 있다.

1) 상징문화

상징문화는 주로 언어를 중심으로 하는 갖가지 기호나 상징의 총체를 말한다. 언어를 통해 사람들은 서로 의사소통도 하고, 현실세계에 대한 지식과 믿음을 개발시킬 수 있는 것이다. 즉 인간이 눈으로 볼 수 없는 세계에 대한 안목을 제공함으로써, 무엇이 진실인가에 대해 알게 해준다는 것이다. 이런 지식과 믿음이 체계화된 것이 종교, 철학, 정치적 이념, 과학적인 이론이며, 우리의 정서적 표현(문학, 음악, 미술 등)도 이 상징에 크게 좌우한다.

2) 규범문화

규범문화는 일종의 평가적 문화이다. 무엇이 좋고 나쁜가, 아름답고 추한가 등의 표준이 되고, 사회의 목표, 이상, 도덕 등을 제공하는 가치관의 기초를 제공해 주는 것이다. 즉 같은 사실에 대해서 어떤 사람은 옳다고 하고, 어떤 이는 틀렸다고 하는데, 이런 경우에 규범적 문화는 사회적 규정이나 가치관에 따라 구분해 줄 수 있는 것이다.

3) 물질문화

물질문화는 상징문화를 바탕으로 하여 사람들이 만들어 내고 사용하는 물질적인 것들, 즉 의복, 농기구, 기계, 가구, 운송기관, 과학적 기재, 무기, 장식품 등을 물질문화라 할 수 있다(김경동, 1995: 146).

이러한 측면에서 상징문화는 인간의 생각에 의해서 나타나는 관념적인 것으로서 과학, 미신, 신화, 종교 등이 여기에 속한다. 규범문화는 인간의 행동에 의해서 나타나는 것으로서 규칙, 관습, 예절, 금기 등이 여기에 속한다. 물질문화는 인간의 소유에 의해서 나타나는 것으로 보석, 기구, 건축물, 도로 등이 여기에 속한다.

한편 문화의 내용은 또 다른 측면에서도 생각할 수 있다. 즉 행위적, 인지적, 그리고 물질적 측면에서 문화의 내용을 유추할 수 있다. 행위적 측면은 사람이 어떻게 행동하는가, 특히 사람들이 일상생활에서 어떻게 서로 상호접촉을 해 나가는가 하는 것을 말한다. 예컨대 육아과정에서 부모와 그 아이들은 어떤 양식화된 방법으로 서로 상호작용 하는가 등이 이러한 예에 속한다. 인지적 측면은 사람들이 어떻게 세상을 보는가 하는 관점에 관한 내용이다. 즉 사람들이 어떻게 행동하고, 그들의 아이들이 어떻게 행동해야 하고, 그들이 어떻게 사건에 대처해야 하는가에 있어서의 사고의 범위를 결정하는 것 등이 인지적 영역에 속한다. 물질적 측면은 인가니 생산한 모든 물질적 도구들을 말한다(유태용, 1999).

이를 종합해 보면, 문화의 내용은 크게 물질문화와 비물질문화로 구분하여 생각할 수 있다. 물질문화는 우리들이 흔히 생각하는 일반적인 의미의 도구나 기계 등의 물건에 대한 문화이고, 비물질문화는 다시 인간의 ① 행위문화와 ② 사고문화로 구분지어 볼 수 있다. 행위문화는 인간이 행동을 하는 데 있어서 기준 되어 행위의 옳고 그름을 판정해 주는 것이고, 사고문화는 인간의 상징적이고 추상적인 사고능력을 키워줄 수 있는 문화라고 할 수 있다. 결국 문화의 내용이란 사람들이 주어진 환경에 어떻게 적응하고, 그들의 삶을 정상적으로 영위해 나갈 것인가에 대한 지혜의 축적이라고 할 수 있다.

5 문화와 관련된 개념들

문화에서 파생된 개념이나 용어들은 상당히 많다. 왜냐하면 문화란 개념 자체가 정의하기 힘들기 때문이다. 그러므로 문화에 관련된 개념들을 여러 측면에서 살펴보면 문화의 개념을 좀 더 이해하기 쉽고, 교육과의 관련성을 파악하기 편리하다. 문화와 관련된 개념들을 제시하면 다음과 같다(김병희 외, 2011).

1) 문화지체

모든 사회에는 물질문화와 정신문화가 공통으로 포함되어 있다. 그러므로 이 두 가지 문화가 서로 협력관계를 가지면서 같이 발전하고 변화하는 것이 가장 이상적인 사회이다. 그러나 대부분의 사회에서는 그렇지 못하다. 이때 문화의 어느 한 부분이 다른 부분에 뒤떨어져서 사회적 불균형이 일어난 상태를 문화지체(cultural lag)라고 한다.

우리 주위에서 흔히 일어나는 문화지체는 정신문화가 물질문화를 따라가지 못하기 때문에 일어나는 경우가 대부분이다. 경제발달로 인한 물질문화의 빠른 속도를 정신문화가 충분히 뒷받침해주지 못하기 때문에 일어나는 현상이다. 예컨대 현대문화는 급속도로 발전하고 새로운 지식을 많이 접하지만, 아직도 우리 사회는 제사, 남아선호사상, 매장 문화 등의 의식에서는 낮은 수준을 유지하고 있다.

또한 교통량과 에너지의 소비량은 엄청나게 증가하고 있지만, 교통질서에 대한 의식이나 환경오염에 대한 사고방식은 여전히 낮은 편이다. 이런 사회적 의식과 실제행동과의 차이에 의해서 문화지체 현상이 계속 나타나는 것이다.

2) 문화적 상대성과 문화적 절대성

각 사회의 문화가 지니는 의미는 사람들마다 다양하다. 어떤 사회에서는 음식을 먹을 때 숟가락을 사용하고, 어떤 사회는 포크를 사용하고, 어떤 사회는 맨손으로 먹는다. 이것은 음식물의 크기나 특징 혹은 문화의 차이 때문이다. 포크를 사용하면 우수한 문화이고, 맨손으로 먹으면 나쁜 문화라고 말할 수 없다. 이처럼 모든 문화는 우열을 가릴 수 없이 그 문화 고유의 특성과 가치를 가지고 있는 것을 문화의 상대성이라고 한다.

어떤 사회의 관습이나 가치를 옳고 그르다든가, 혹은 좋고 나쁘다고 말할 수 없는 것이다. 극단적으로 말하면 인간이 어떻게 생각해야 하고 행동해야 하며, 무엇을 믿어야 하는가에 대한 보편적이고 절대적인 진리는 거의 존재하지 않는다고 할 수 있다. 즉 각자의 문화는 그 문화의 관점에서 파악하고 이해되어야 한다.

이런 측면에서 문화적 상대성은 문화상대주의(cultural relativism)라는 사상을 파생시켰다. 문화상대주의는 모든 사회의 문화는 어떤 절대적 기준으로 평가할 수 없는 고유한 의미와 가치를 지닌다는 측면을 강조한다. 따라서 한 사회의 관습이나 관념을 포함하는 문화는 그 사회의 환경과 맥락에서 파악하고 이해해야 한다고 주장한다. 예컨대 현대산업에서는 적어도 20세가 넘어야 결혼시기가 되었다고 생각한다. 과거에는 조혼을 많이 권장했다. 과거에는 종족과 집단의 유지를 위해서 조혼이 필요했을 것이다. 그러나 현대 산업사회는 대부분의 직업과 사회적 관념이 만혼을 권장한다. 나아가 미래에는 결혼이란 제도 자체가 없어질지도 모른다.

한편 모든 사회의 구성원들은 자신들의 행동양식과 사고방식이 옳다고 생각한다. 그래서 자신의 문화적 가치와 규범은 당연하고 정당한 것으로 받아들이고, 다른 사회 집단의 가치와 규범은 부도덕하고 나쁜 것으로 간주한다. 이처럼 한 집단이나 사회의 구성원들이 자기의 문화가 옳은 것이며, 가장 우수하다고 믿는 것을 문화의 절대성이라고 한다.

문화적 절대성은 자기 문화의 고유성과 정체성을 유지시킬 수 있다는 긍정적 측면이 있다. 그러나 사회의 발전과 개선에는 부정적인 영향을 미친다. 이런 측면에서 문화적 절대성은 자민족(문화)중심주의(ethnocentrism)라는 사상을 파생시켰다. 이것은 문화의 상대성을 인정하지 않고 자기의 문화만을 가장 우수한 것으로 여겨 자기 문화의 관점에서 다른 문화를 부정적으로 평가하는 태도를 말한다. 이러한 사회적 편견은 어느 시대에서나 존재하는 보편적인 현상이다. 문화적 상대성과 절대성은 동전의 앞면과 뒷면으로써, 사회에 따라 다양한 모습으로 나타날 수 있다. 그러므로 사회의 구성원들이 어떻게 받아들이는가가 중요한 관건이 된다.

3) 문화적 보편성과 문화적 특수성

모든 사회에는 그 형태가 어떻든 혼인, 종교, 가족 정치, 언어, 예술 등에서 공통적인 요소를 지니고 있다. 즉, 일정한 시기가 되면 결혼을 한다거나 선거에서 투표를 하거나 장례식에 검은 옷을 입고 가는 것 등의 행위를 한다. 이처럼 어떤 사회나 문화에서 공통적으로 나타나는 현상을 문화적 보편성이라고 한다.

그러나 같은 사회나 지역이라도 이런 현상이 다르게 나타날 수 있다. 즉 어떤 사람은 일찍 결혼하지만, 어떤 사람은 결혼을 하지 않고 혼자 산다. 또 중동지역에서는 일부다처제를 인정하지만, 우리사회는 일부일처제를 인정한다. 이처럼 시대나 지역, 사회에 따라 다양한 모습으로 나타나는 문화현상을 문화적 특수성이라 한다.

4) 문화적 이식과 문화적 동화

글자 그대로의 의미를 살펴보면, 이식(移植)은 어떤 식물이나 동물의 조직을 다른 부위에 옮겨 붙이는 것이고, 동화(同化)는 식물이나 동물이 영양물을 섭취해 제 몸에 알맞은 성분으로 변화시켜서 서로 어울리면서 닮아가는 것이다. 그러므로 문화적 이식(cultural acculturation)이나 문화적 동화(cultural assimilation)는 결국 교육이나 사회화의 개념처럼 끊임없이 변화하는 사회 속에서 무언가를 계속 배우고 익히는 학습의 과정이다.

그러나 엄밀히 따지면 문화적 이식은 자기 사회의 문화를 근본적으로 하면서 다른 사회의 문화를 받아들여서 활용하는 것이다. 보편적으로 사람들은 좋은 것과 나쁜 것에 대한 자체적 기준을 가지고 있다. 다른 사회의 우수한 면은 받아들이고, 그렇지 않으면 배척하면서 자신의 문화를 발전시키는 것이다. 반면에 문화적 동화는 다른 사회의 문화를 특별한 검토 없이 대부분 그대로 받아들이면서 문화의 융합을 강조하는 개념이다. 인종의 시장이라고 할 수 있는 미국사회처럼 서로 다른 문화를 구별 없이 활용하여 공통문화를 만들어 가는 것이 차이점이다.

5) 문화적 국수주의와 문화적 사대주의

다른 나라나 민족의 사상이나 문화를 절대적으로 무시하면서 자기 민족의 문화나 전통을 무조건 뛰어나고 생각하는 것을 문화적 국수주의라고 한다. 단일민족임을 자랑하는 우리나라의 큰 특징 중의 하나이다. 또한 화려한 과거시절의 향수에 젖어서 자신들의 우수성을 주장하는 중국이나 러시아도 문화적 국수주의가 강하다. 특히 현대 과학기술의 발전은 문화적 국수주의를 다양한 방향으로 발전시켜서 복고주의 운동, 반문화운동, 제3세계 문화운동을 유발시키는데, 이런 사고방식도 역시 같은 맥락이다.

반면에 주체성 없이 다른 사람의 문화나 가치를 무조건적으로 섬기고 자기의 문화는 부정하는 태도를 문화적 사대주의라고 한다. 이런 태도는 특히 후진국에서 주로 나타나는 의식으로써 자신들의 문화보다는 선진국의 문화를 무조건 받아들인다. 이런 태도는 시대적 조건이나 역사적 상황에서 많이 발생하는데, 현대에는 정신문화보다 물질문화를 우선시함으로써 사대주의에 빠질 우려가 많다. 자신들의 문화를 비효율적이고 가치가 없는 것으로 생각하는 사고방식은 국가의 문화정체성 형성에 커다란 방해물이 된다.

6) 문화적 제국주의와 문화적 전파주의

경제적인 힘이나 무력으로 후진국들을 지배해 온 선진국들이 최근에는 문화라는 새로운 무기로 제3세계를 침략해서 지배하는 정책이나 현상을 문화적 제국주의라고 한다. 즉 과거에는 경제가 바탕이 된 무력이 통했지만, 현재는 무력의 사용에는 한계가 있으므로 문화를 사용하여 후진국의 생활, 양식, 가치관 등에 영향을 미치는 것을 의미한다. 과거 일제 강점기시대에 초기의 무단정치가 후에 문화정치로 바뀐 것도 같은 논리이다.

문화적 제국주의의 대표적인 예로는 크리스마스가 있다. 크리스마스는 원래 서양에서 주로 행해졌지만, 오늘날 대부분의 나라들이 크리스마스를 즐기고 있는 것도 문화제국주의의 예라고 할 수 있다. 그 이외에도 스포츠, 예술품, 소설, 영화 등의 다양한 방법으로 선진국의 문화가 후진국으로 흘러들어간다.

문화적 제국주의 현상은 나라와 나라사이 뿐만 아니라 작은 사회집단들 사이에서도 발견된다. 이러한 현상은 한 하위문화가 다른 하위문화에 대해 그들의 생활양식이나 가치를 강요할 수 있음을 만큼 충분한 사회적이고 문화적인 권력을 가질 때 발생한다. 한 사회의 지배계층이 자기들이 선호하는 문화유형을 피지배계층에게 강요하는 경우가 바로 좋은 예이다.

원래 제국주의란 무력을 바탕으로 강대국이 약소국의 모든 면들을 지배하는 것을 의미한다. 그러므로 문화제국주의도 당연히 제국주의 성격을 띤다. 따라서 문화제국주의는 약소국의 문화가 외래문화에 침탈되고 훼손될 수 있다는 점에서 부정적이다. 나아가 선진국과 후진국 사이의 지배와 예속관계라는 점에서도 문제가 된다.

한편 문화는 고정적이지 않고 항상 움직인다. 우수한 문화나 제도는 다른 사회제도에 파급되고 모방되어 그 사회에 맞게 정착된다. 이렇게 어떤 문화의 체계나 요소가 확산되어 다른 사회에 보급되는 현상이나 정책을 문화적 선파주의라고 한다.

문화적 전파주의는 비교적 한정된 지역 안에서의 문화나 사상이 어떻게 분포되는가를 연구하면서 문화의 재구성을 시도한다. 특히 인류문화사에서 전파나 이동이 사회발전에 어떤 영향을 끼치는지 연구하였다. 예컨대 이들은 마야문명이나 잉카문명이 한순간에 멸망해 버린 것은 문화전파가 부족했기 때문이라는 주장을 한다. 이런 문화전파는 인구이동, 전쟁, 선교활동, 무역이나 상업활동 개척 등에 의해서 전달되었고, 그 과정에서 마찰도 있었다. 그러나 문화전파로 인해 문화의 긍정적이고 효과적인 영향력이 부각되었고, 다른 지역에 우수한 문화를 파급하여 사회와 문화발전에 공헌한 점은 부정할 수 없다.

6 문화와 교육의 관계

1) 문화교육

급격한 사회변화는 끊임없는 문화의 발전을 가져온다. 이런 문화를 따라잡기 위한 교육의 역할은 더욱 증대되고 있다. 따라서 미래의 문화적 변화에 적응할 수 있는 유연한 인간을 기르기 위한 교육이 여러 부문에서 강조되고 있다. 문화교육은 사회적 필요성을 충족시키기 위한 개념이라고 할 수 있다.

사실 문화교육이 무엇인가에 대한 정의는 상당히 어렵다. 이유는 문화와 교육이란 용어는 우리가 너무나 흔히 사용하는 말이지만, 문화와 교육의 정의는 한마디로 규정하기 힘들다. 따라서 이렇게 난해한 단어인 문화와 교육이 합쳐졌으니, 그 의미 파악은 더욱 어렵다. 그러므로 현재 문화교육이 연구되고 있는 경향을 살펴보면 문화교육의 개념 정의가 조금은 수월이라고 생각한다. 문화교육의 연구는 현재 세 가지 정도의 관점에서 연구되고 있다(김병희 외, 2011).

첫째, 문화교육을 사회교육의 한 영역으로 사용한다. 평생교육의 한 하위영역으로 문화교육기관에서 실시하는 교육을 지칭한다. 우리나라의 사회교육은 크게 국가 및 지방자치단체 중심의 사회교육, 학교중심의 사회교육, 산업체 중심의 사회교육으로 구분할 수 있다. 이 중에서 문화시설 내의 교육을 문화교육의 영역으로 규정하고 있다. 그 이외의 여러 사회교육에 관한 연구도 문화교육의 의미는 문화관련 시설에서 일어나는 사회교육을 통칭한다. 도서관과 마을문고, 박물관, 문화원, 각종 회관 등의 문화시설에서 실시되는 교육이 바로 문화교육이 되는 셈이다. 나아가 문화교육이 곧 사회교육이라는 점도 강조된다. 즉 사회교육은 근본적으로 인간 삶의 질 고양을 위한 교육을 추구하며, 사회 모든 구성원을 대상으로 하는 다양하고 이질적이며 폭넓은 교육을 의미한다. 그러므로 사회교육의 내용이 바로 광범위한 의미에서의 총체적 문화교육을 다루고 있는 것이기에 사회교육과 문화교육은 본질적으로 불가분의 관계를 지닌다고 주장한다. 따라서 이러한 입장에서의 문화교육은 곧 사회교육이라고 할 수 있다(최운실, 1999).

둘째, 문화교육을 문화이론적 측면에서 연구한다. 문화평론가, 문화인류학자, 순수 문화연구자 등은 문화연구 자체에 중점을 두어 사회의 많은 문화현상들을 파헤치고 분석한다. 특히 사회생활에 내재하는 문화의 제 측면을 연구하고, 나름대로 해석하면서 어떤 문화의 병리현상이 일어나며, 그것을 치유할 수 있는 방편으로서 문화교육의 중요성을 언급한다. 물론 이런 경우에 문화교육은 부차적인 역할과 기능을 하며, 문화교육의 중요성보다는 그 문화를 어떻게 하면 잘 이해하는가에 중점을 둔다. 이러한 연구에는 인류학적 문화연구, 사이버 문화연구, 문화철학 연구, 민속문화연구, 다문화/간문화연구 등의 유형이 포함된다.

셋째, 문화교육을 학교교육에 적용해서 실천해 보려는 연구이다. 학교교육의 많은 문제점을 파악하고 분석한 뒤, 그러한 문제점들의 대안으로서 문화교육을 강조한다. 즉 현 상황의 교육내용이나 방법으로서는 해결점을 찾을 수 없으니, 그 대안으로서 문화교육을 중시하는 경향이다. 문화가 가지고 있는 교육적 요소들을 실제 학교현장에 적용하여 학생들의 능력을 향상시키고, 창의력이나 사고능력을 키운다는 것이다. 문화의 역동성과 가변성은 고정된 것이 아니기 때문에 현재 학생들이 원하는 것을 수용해서 학생들의 인지발달을 돕도록 하는 것이 문화교육의 방향이다. 따라서 문화교육이 생각하는 학교교육은 단순한 지식의 전달이 아니라 감성, 창의력, 비판력 등의 전인적인 인간을 육성하는 것이 목표이다.

2) 현대 문화와 교육

21세기는 문화의 세기라고 한다. 20세기의 산업주의 시대를 벗어나서, 보다 다양한 사회, 보다 복잡한 구조를 가진 사회로의 진입을 통해 기존의 가치관과 생활양식이 더욱 급속히 변하는 시대이다. 따라서 자유롭고 융통성 있는 가치관과 확산적이고 다면적인 사고방식이 필요하다.

일반적으로 문화는 전달이라는 수동적인 측면과 창조라는 능동적인 측면을 가지고 있다. 그러므로 문화는 국민들의 의식과 가치관을 정립하고, 동시에 국민 개개인의 생활방식을 질적으로 향상시키며, 학생들에게는 비판적 사고와 자아완성의 기회를 부여한다. 더구나 과거에는 문화가 특정 계층의 전유물로 여겨졌지만, 현재는 다양해진 대중문화의 전파로 모든 사람이 누리고 즐기는 보편적인 대상이 되었다. 따라서 문화는 이제 인간의 생활이나 사고방식에서 누구나 향유하는 기본적 욕구가 되었고, 그러한 문화를 얼마만큼 혹은 어느 정도 만끽하느냐에 따라 사회의 우수성이나 선진문화국가의 보편적 잣대가 되어가고 있다.

그러나 이러한 문화의 중요성에 뒤따르는 교육의 뒷받침은 너무 허약하다. 현대의 학교교육은 학생들의 건전한 인성 함양이나 다양한 감각의 발달에는 상당히 소극적이다. 오히려 실패하기도 했다. 왜냐하면 현대교육은 결과의 즉시성을 요구하는데, 이러한 요구는 부조리한 사회생활의 단면들을 신체적, 정신적으로 직접 대면

하게 하여 많은 시행착오를 발생시킨다. 학생들은 학교생활을 통해 지식뿐만 아니라 그들의 감정까지도 발달시키게 된다. 문화적 우수성을 교육받지 못한 학생들은 세상에서의 자기 몫을 떠맡을 준비가 되어 있지 못하다. 이와 같은 문화에 대한 교육의 결여는 오늘날 젊은이들의 타성적인 사고방식이나 삶에 대한 수동적 태도로 나타난다.

더구나 문화의 필요성은 과연 현재의 인쇄문화, 활자문화 중심의 교육이 비디오게임, 인터넷, 시뮬레이션 등의 영상문화에 익숙해진 미래의 학생들에게 효율적인 학습방법이 될 수 있는가에 대한 고민으로부터 시작된다. 문화는 사람들의 모든 행위를 포함한다. 즉 다빈치, 피카소, 셰익스피어, 베토벤 등과 같은 사람들의 위대한 작품을 일컫는 고급문화(high culture)와 햄버거, TV, 인터넷 등의 대중문화(popular culture)를 모두 이르는 말이다. 학교는 이러한 문화들을 수용하고 전달하는 가장 대표적인 문화체계 중의 하나이다. 고급문화의 측면에서는 인류가 창조한 가장 고상하고 의미 있는 것들을 가르치려고 하며, 대중문화의 측면에서는 사회의 가장 기본적인 규범들과 가치들을 전달하려고 한다. 그러므로 이런 다양한 문화를 수용할 수 있는 교육의 역량을 기르고 서로 공존할 수 있는 방법을 찾는 것은 무엇보다 중요한 의제이다.

생각의 마당

1. 문화의 개념과 특성을 이해하고, 문화의 중요성을 생각해 봅시다.
2. 문화정책, 문화경쟁력 문제 및 교육적 과제에 대하여 생각해 봅시다.
3. 문화의 교육적 기능에 대하여 설명해 봅시다.

CHAPTER

07

학교사회와 교육

학습주제

1. 학교의 사회적 기능
2. 학교교육의 한계와 과제
3. 교사와 학생의 상호작용

마음과 자유를 천만금에 팔지 않을 것이다. 자유를 빼앗긴다는 것은 내 존재를 잃는 것이다. 존재를 잃는다는 것은 나는 통제되고 있고 육체적인 자신에 불과한 것이다. 그러나 우리는 용돈과 얼마의 책값과 생활비를 벌기 위하여 마음의 자유를 잃을까 불안할 때가 있다.

— 사회학자 Simmel

1 학교의 사회적 기능

1) 학교의 기능

미성년자들에 대한 교육은 인류의 시초에서부터 시행되었다. 원시시대에는 미성년자들을 사회에 입문시켜 성인으로 만들고, 이에 필요한 내용들을 전수하기 위하여 생활 속에서 성인식 형태의 입문으로 행하여졌다. 고대에는 지배계급의 지식과 교양을 습득하기 위한 곳으로 schola라는 학교가 생겨난 것이다. 중세에는 암흑기로서 종교적 필요에 의하여 신학학교의 성격으로 학교가 존속되있고, 근대 산업혁명과 더불어 유능한 인재를 기르고 시민들의 교양을 함양하는 공교육제도의 학교로 자리를 잡게 된 것이다. 현대에는 민주주의의 성장으로 대중들에게 교육기회가 확대되었으며, 평가와 더불어 경쟁적 성격을 띠게 되었다.

이러한 역사적 변천을 거쳐 발달한 학교는 인재의 양성과 교육을 위해 많은 공헌을 하고 있지만, 역기능 문제도 제기되고 있다. 본래 기대했던 학교의 순기능도 있지만, 본래 기대하지 않았는데 나타나는 역기능도 있다. 학교의 순기능과 역기능을 살펴보면 다음과 같다(성용구, 2005).

(1) 학교의 순기능적 측면

학교는 구성원들로 하여금 공유하고 있는 가치와 문화, 그리고 태도를 습득하게 함으로써 사회를 통합하고 질서를 유지하는 보수적 기능을 수행해 왔다. 이러한 보수적인 순기능 측면을 살펴보자.

① 사회화의 기능

사회화란 인간이 동물적인 존재에서 타인과의 상호작용을 통해서 사회의 일원으로 살아가는 데 필요한 가치와 규범, 질서, 도덕적 신념 등을 내면화하고, 사회생활에 필요한 기본적 지식과 기술을 습득함으로써 그 사회가 바라는 인간다운 인간으로 성장하는 과정을 말한다. 가정은 1차적인 사회화 기관이며, 학교는 2차적인 사회화 기관이다. 인간은 사회화 기관에서 그 사회에 필요한 언어, 사고, 가치관, 지식, 행동양식들을 배우고 습득한다. 이러한 사회화 기능들이 바로 학교교육에서 이루어진다.

발랜틴(Ballantine, 2001)은 사회화를 위해 학교는 학생 개개인을 친구들과 지낼 수 있는 기회를 제공하고, 운동과 여타 활동에 참여할 수 있는 기회를 제공하며, 성인들과의 협력을 통해 사회에서 용인할 수 있는 태도와 행동을 지니도록 도움을 제공해야 한다고 했다.

② 인적 자원 개발의 기능

학교는 국민의 잠재적 능력을 개발해야 한다. 국가는 학교교육을 통하여 국민들이 갖고 있는 인적 잠재능력을 개발하여 국가 성장과 개인 발전을 극대화하는 데 활용해야 한다.

③ 지역사회를 위한 학교기능

학교는 지역사회 주민들을 위한 학습의 장이며, 동시에 지역사회는 학교의 지원센터이다. 학교는 지역사회의 인적·물적 자원을 동원하여 학교교육에 활용하고, 학교의 인적·물적 자원은 지역사회의 교육적 노력을 조직화하는 데 역할을 다한다. 이러한 맥락에서 학교가 지역사회를 위한 중요한 기능을 나열하면 다음과 같다(Ballantine, 2001).

- 사회경험을 구조화하는 것
- 동료 간의 상호작용을 촉진하는 것
- 지역사회에 적응하는 학생들을 길러내는 것
- 공식적인 학습에서 사회화 경험을 공식화하는 것
- 경쟁의 장에서 아이들에게 보다 많은 선택권을 주는 것
- 성공적인 아이들에게 가족의 목적을 달성하도록 도와주는 것

④ 문화유산 전달 및 창조의 기능

학교는 교육을 통하여 그 사회에서 통용되는 문화유산을 다음 세대에게 전달해 주는 기능을 하고 있다. 동시에 기존 문화를 개혁하고, 새로운 문화를 창조한다. 학생들은 학교에서 또래 문화를 학습하며, 학교는 학생들에게 문화인이 되는 과정을 요구한다.

학교가 과거로부터 내려오는 문화유산, 즉 행동양식, 가치관, 축적된 지식, 사회규범 등을 학생들에게 조직적이고 체계적으로 전달함으로써 사회구성원의 역할을 다하게 한다. 또한 이를 기반으로 후손에게 물려줄 새로운 문화유산 창조의 기능도 갖는다.

⑤ 도덕사회화의 기능

뒤르켐(Durkheim, 1961)은 사회생활 준비를 아직 갖추지 못한 어린 세대에게 성인 세대의 영향력을 교육이라고 보았다. 그는 아동이 속하게 되는 특수한 환경이 요구하는 지적, 도덕적, 신체적 제 특성을 아동에게 계발하는 것을 목적으로 한다고 주장하였다. 도덕교육은 개인이 그가 속한 사회의 규범과 이상을 가지고 일관성 있는 방식으로 행동하도록 도덕적으로 사회화시키는 일이다. 학교는 가정과 함께 이러한 도덕사회화의 가능을 감당한다.

⑥ 선발 및 배치의 기능

학교는 국가의 발전을 위하여 유능한 인재를 선발하여 교육한다. 그리고 길러진 유능한 인재들을 적재적소에 배치하여 사회발전을 도모한다. 선발과 배치의 기능은 경쟁사회에서 매우 민감하고 어려운 기능인데, 이러한 일들을 학교가 담당해서 해주고 있다.

⑦ 사회개혁의 수단적 기능

모든 사회는 변화하면 새로워진다. 사회가 개혁되는 데는 여러 가지 인적·물적 요소가 필요하다. 학교는 사회변화에 필요한 여러 요소와 기재들을 개발하고 육성하는 기능을 담당하고 있다.

⑧ 보호 및 관리의 기능

학교는 부모가 직업을 수행하는 동안 가정을 대신하여 안전하게 보호해준다. 특히 여성의 사회진출을 돕고 사회적 공헌을 할 수 있도록 돕는 기능을 한다.

(2) 학교의 역기능적 측면

① 입시위주의 교육으로 전락

국가사회가 경쟁체계로 진입하고 상급학교로 갈수록 문이 좁아지면서 학교의 선발기능은 자꾸 강화된다. 선발을 위한 학교의 평가기능이 강화되면서 학교는 개인의 능력을 평가하는 데 역점을 두게 되고, 교육이 갖고 있는 본래적 기능이 변질되었다. 입시위주의 교육이 되면서 학교는 비인간화의 결과를 초래하는 역기능이 나타나게 된 것이다.

심지어 교실에서 시험을 본 후에 성적이 낮은 학생에게 물을 먹여 배탈이 나고 고통을 겪게 하여 사회문제로 비화되기까지 하였다(동아일보, 2004.7.13).

② 학력제일주의 병폐

학교에서 인간교육의 기능이 상실하면서 학력이 최대의 가치로 인정받게 되었다. 학교에서는 교사와 학생이 점수를 올리기 위하여 수단과 목적을 가리지 않는 목적전치현상이 일어나면서 교육은 본래적 기능이 약화되었다. 개인이 점수에 의해 평가 받는 세상에서 학생은 점수를 얻는 기계로 전락하게 되었고, 점수의 노예가 되어버렸다. 학력신장을 위하여 최선을 다한다는 학교의 압력은 학생을 막다른 경쟁체제로 내몰고 있다. 성적에 대한 스트레스를 못 이기고 학교성적 때문에 자살한다는 인구가 급증하게 된 것은 더 이상 인간교육이기를 포기한 학교의 최대 해악인 것이다.

③ 인간의 규격화

우리나라 학교의 학급당 학생 수는 다른 선진국에 비해 훨씬 많다. 그러므로 많은 학생들을 다루기 위해서는 규칙과 통제가 많아지고, 학생들을 타율적으로 변하게 한다. 또한 학교의 교직은 학생들을 위해서라기보다는, 단순히 교사가 학생을 통제하기 위한 수단으로 사용되고 있다. 머리길이의 제한, 엑세서리의 제한 등 자질구레한 교칙들은 학생들이 왜 지켜야 되는지도 모른 채 할 수 없이 지키면서 수동적, 타율적, 무비판적, 무개성적으로 변해간다.

④ 학생들의 개성과 재능을 획일화

입시위주의 교육이 자리를 잡게 되면서 각 개인 간의 능력을 존중해주고 소중히 여기지 못하고, 모든 인간에게 똑같이 입시로 능력을 판단하게 되었다. 그에 따라 학생 각자가 하고 싶은 것을 못하고 욕구를 억누르게 된다. 그리고 교사와 담임교사 배정도 학생들이 가지고 있는 소질과 적성을 무시하고 학교의 편의대로 배정하고 있어 수요자가 원하는 교육과는 거리가 멀다. 따라서 현 학교의 교육방법을 학습자 중심으로 전환하려는 노력이 요구된다.

⑤ 학교의 폐쇄성

학교의 변화는 사회의 변화에 따라가지 못하고 있다. 학생들의 신체적, 정신적, 문화적 발달속도는 매우 빠르다. 그런데 이 속도에 비하여 학교의 교육과정과 교사의 인식 그리고 제도적 변화는 느린 편이다. 더욱이 관료화된 학교일수록 비민주적 학교체제 하에서 보수적 기능이 강하고 폐쇄적인 성향이 두드러지게 나타난다.

⑥ 사교육비 부담 승가

학교교육이 국가, 사회 및 학부모, 학생의 현실적인 수요와 기대를 충족시키지 못하는 것으로부터 초래되는 학교 실패현상으로 일부 학부모들은 자녀들의 부족한 교육을 사교육으로 보충하기 위해 어떤 험한 일도 마다하지 않는 경우가 많다. 그렇다고 학생들의 학습태도나 학습능력이 크게 향상된 것도 아니다. 깊이 생각해볼 문제이다.

⑦ 학교교육과 정치권력

교육은 국가에서 국가를 통해서, 국가를 위해서 제공된다. 이에 교육은 정치권력에 의해서 조종되는 정치적 활동이다. 국가에서 직접 설립하지 않은 사립 교육기관도 그것이 존재하려면 국가의 허가를 받아야 하며, 교육의 내용, 방법, 실천에 이르기까지 국가의 감독을 받아야 한다. 정치적 권력에 의해서 조종되는 교육의 중심과제는 특정 세계관을 정당한 것으로 인식시킴으로써 국가의 사회적 통합을 촉진시키는 것이다. 결국 정치적 이데올로기에 기초한 교육은 불평등한 사회의 계급적 질서를 과학적으로 인식하려는 능력신장을 방해하고, 사회적 현실을 왜곡하여 설명되는 편파적 학습태도에 대한 여타의 의문을 제기하지 않는다. 이에 갈등론적 관점에서 학교교육은 국가의 정치적 권력에 의해서 조종되기 때문에 지배계급은 학교교육을 통해서 학생들에게 국가의 지배 이데올로기를 주입시킬 뿐만 아니라, 그들의 정치적 권력을 유지와 힘의 우위성을 확보하기 위해 국민들을 통제하고 억압한다는 것이다.

2 학교교육의 한계와 과제

학교교육은 결국 모든 교육과정이 대학에 입학할 때까지의 대학입시 준비단계에 지나지 않는다고 해도 과언이 아니다. 따라서 입시위주의 교육은 교육이 잘 되었는지를 평가하는 것이 아니라 왜곡된 줄 세우기 교육평가를 하고 있으며, 전인교육은 사라진지가 오래다. 오로지 남들보다 먼저 빨리 달리는 것만이 성공하는 지름길로서 너도나도 무작정 교육열에 뛰어들고 있다. 이에 획일적인 입시준비교육, 성적을 위한 무자비한 경쟁으로 공교육의 위기 아닌 공교육의 붕괴에까지 놓이게 되었고, 결국 공교육을 불신하는 초유의 사태에까지 왔다고 진단할 수 있다.

이러한 한국의 교육을 정상화시키고 경쟁력 있는 교육력을 갖추기 위해서는 다음과 같은 해결방안을 살펴보고자 한다(김경식 외, 2006).

① 교육을 보는 관점을 바꾸어야 한다는 것이다. 우리 교육은 일제식민지와 미군정기 등의 역사적 전환기를 겪으면서 왜곡된 모습으로 변모해 갔는데, 이러한 모습 중에서 그 중 두드러진 특징이라면 교육의 도구주의다. 따라서 이러한 우리 교육의 도구주의를 극복하기 위해 교육을 보는 관점을 바꾸는 것이다. 즉 먼저 알기 위한 학습, 행동하기 위한 학습, 함께 살기 위한 학습, 존재하기 위한 학습으로의 변화가 필요하다는 것이다.

② 인성 및 창의성을 함양하는 데 새로운 교육과정을 추구해야 할 것이다. 현행 망국적인 입시위주의 교육을 벗어나기 위해 무엇보다도 필요한 창의성 교육을 실시하는 것이 중요한 방안이라 할 수 있다. 창의성 교육은 지식위주의 교육이 아니라 학생의 창의력을 신장시킬 수 있는 방안을 고안하는 것으로서 독서교육, 토론교육, 봉사활동, 체험활동, 준거집단활동 등을 통해 창의력을 키울 수 있는 방안이다.

③ 학교교육의 다양화 정책이다. 획일적인 입시위주의 교육으로 천편일률적인 교육방식이 아니라, 보다 다양성을 바탕으로 한 학교교육의 다양화를 시행할 수 있는 방안을 살펴보면 다음과 같다.

첫째, 학교를 소규모화하는 정책을 수립해야 할 것이다. 현재의 농산어촌 소규모 학교의 통폐합과 관련하여 학급당 인원축소는 물론, 교사 1인당 학생 수 축소정책과 함께 학교를 소규모화하려는 정책이 반드시 이루어져야 할 것이다. 이는 결국 개인의 다양성을 존중하고 개성을 존중하려면 대규모학교보다는 소규모학교가 훨씬 유리하다.

둘째, 정보화 사회 및 지식기반 사회에 적합한 교육과정제도를 구축해야 한다. 오늘날 정보화 사회 및 지식기반 사회에 학교교과서를 성전화(聖典化)하는 생각을 바꾸어야 할 시점이라 생각한다. 책자형 교과서 중심제도에서 탈피해야 할 것이며, 교육내용에 대한 유연화와 다양한 장치가 마련되어야 하고, 교사와 학생의 합의에 의한 교육내용 결정권이 더 많이 주어져야 할 것이다.

셋째, 공교육과 사교육 간의 관계를 재정비하도록 해야 한다. 공교육에 투자되는 비용과 시스템, 사교육에 투자되는 비용과 시스템이 거의 중복되어 있다. 이 중복적 낭비에 대한 대책을 찾아보아야 하며, 진정한 평등의 정신도 찾아보아야 할 것이다.

넷째, 교육계에 팽배해 있는 불신풍조를 개선해야 한다. 교육부나 정부에 대한 국민 전반의 신뢰붕괴, 교사에 대한 신뢰붕괴, 하교에 대한 신뢰붕괴가 중첩되어 있으며, 그야말로 총체적 신뢰 위기사태를 맞고 있다. 이러한 붕괴는 교육정책의 비일관성과 잦은 변화와 관련이 깊다는 것이다.

다섯째, 좋은 교육환경을 추구하는 이들을 위해서 다양한 학교를 제공해야 한다. 예컨대, 다양한 대안학교, 특수학교, 캠퍼스 없는 학교, 전자매체에 의한 수업 등 비제도적 형태의 교육서비스 역시 제공되어야 할 것이다. 그러므로 소비자의 욕구와 능력에 따라 다양한 교육기회를 제공할 수 있으며, 다양성이 보장된 교육평등이 이루어질 수 있는 교육풍토로 개편해야 한다는 것이다.

결국 학교교육의 최대과제는 바로 공교육의 정상화에서 찾아야 할 것이다. 따라서 이제는 공교육의 관리자적 입장이 아니라 학생들이 가고 싶어 하는 학교, 배울 가치가 있는 학교, 가장 쉽게 배울 수 있는 학교가 되도록 노력해야 한다. 이러한 맥락에서 주동범(2002)은 교육환경의 개선을 강조하고 있다.

첫째, 학생의 변화된 욕구에 맞는 학교환경을 구축해야 한다는 것이다. 학생들의 욕구와 의식은 급격히 변화하고 있는데, 이에 걸맞은 학교환경 개선은 이루어지지 못하고 있는 실정이다. 따라서 생활지도체제 및 수업체제를 개선하는 것 등 학생을 인격적 주체로서 존경하고 학생의 욕구에 부응하는 학교환경 개선을 주장하고 있다.

둘째, 교사의 전문적 권위의 존중이다. 교사의 전문성이 존중되는 교육풍토를 조성하고, 교사가 학생의 변화에 부응하는 지도능력을 배양할 수 있도록 지원체제를 갖추며, 저하되어 있는 교사들의 사기를 올릴 수 있는 방안을 마련해야 한다.

셋째, 학교공동체의 마련이다. 학생과 교사, 교사와 학부모, 학교와 지역사회를 상호 연계할 수 있는 공동체 마련이 시급하다는 것이다.

넷째, 학교 부적응아 및 복교생을 위한 대책 마련이다. 학교부적응아와 학교중도탈락학생들에 대한 별도의 효과적인 프로그램의 개발 및 시행이 필요하다는 것이다. 이는 결국 학교에 잘 적응하고 있는 학생들이 주변의 부적응아 학생 혹은 복교생에 의해 건전한 학업기회를 박탈당할 수도 있다는 것이다.

3 교사와 학생의 상호작용

1) 학급풍토

학급이란 학습을 목적으로 하는 공적, 강제적으로 조직된 교사와 학생으로 이루어진 집단이요, 또 다른 집단과 같이 성취하려는 목표가 있다. 이 목표달성을 위해 상호작용하는 구성원이 있고, 교육목적을 달성하기 위해 한 사람의 담임교사와 여러 명의 학생들이 상호작용하는 사회심리학적 집단이다(김경식, 1994). 이와 같은 맥락에서 학급풍토란 학급경영에서 생기는 그 학급의 성격으로 교사를 포함한 학급구성원들 간의 공식적, 비공식적 인간관계에 의하여 조성되는 사회, 심리적 유대현상이며, 학급의 분위기인 것이다.

학급풍토 형성변인을 교사의 행동 특성과 학생의 행동 특성으로 구분하고, 각각의 차원에 4개의 하위변인을 두어 모두 여덟 개의 하위변인의 상호관계에서 4개의 학급풍토로 분류했다. 교사의 행동 특성 차원에서는 추진성, 지시성, 사려성, 방임성을, 학생의 행동 특성에는 자발성, 추종성, 친밀성, 임의성의 변인을 두었다. 이러한 행동 특성들의 조합에 따라 학급조직풍토 모형을 기술하면 다음과 같다(김창걸, 2003).

첫째, 자율적 풍토로서 이는 학급에서 교사는 인성과 역할을 적절히 통합하며, 학생들로 하여금 자발적으로 협동하여 과업성취를 할 수 있도록 동기를 부여하고 조력해 준다. 결국 교사와 학생은 인간적으로 유대관계를 맺고 사기와 생산성이 높은 분위기이다.

둘째, 통제적 풍토로서 교사의 행동특성은 상당히 지시적이고, 학생은 지시에 복종하는 풍토이다. 이 풍토는 인성보다 역할이 강조되므로 과업성취와 생산성은 높으나, 학급 내에서 융통성은 거의 용납되지 않기 때문에 경직적인 학급분위기를 조성한다.

셋째, 친교적 풍토로서 교사는 행동특성 중 사려성이, 학생은 친밀성이 결합된 풍토이다. 이는 교사와 학생관계가 친근하여 역할보다 인성에 관심을 가지게 된 풍토이다. 따라서 구성원 개인의 욕구충족은 잘 되어 집단을 유지할 수 있으나, 학급의 과업달성에는 한계가 있다.

넷째, 방임적 풍토이다. 이는 교사의 행동특성 중 방임성과 학생의 행동특성 중 임의성이 조합되어 교사는 방관적이고 무간섭적이며, 학생들은 임의적 행동으로 인하여 가치기준이 모호하고 이기적·파벌적으로 되어 생산성이 낮고 침체된 학급분위기가 조성된다.

한편 김경식(1994)은 학생이 지각하는 학급풍토 연구에서 학급풍토를 구성하는 하위요인으로 인간관계 및 체제유지 범주의 친애, 협력, 만족, 자율, 다양, 목표지향, 민주요인과 인간발달 범주의 경쟁, 사회 인정, 규칙 명료요인, 조직 범주의 과업지향과 질적 조직요인으로 설명하고 있다. 이에 학교환경은 교육을 목적으로 제도적으로 조직된 하나의 집단으로서 학급환경은 교사-학생, 학생-학생 간의 상호작용과 역할 기대로 개념화된다. 교육현장에서 교육자의 힘으로 학교 학습효과를 증대시키기 위해서는 그 어떤 요인보다는 학교 내적인 요인, 즉 학급 학습환경의 개선이 가장 중요한 것이다.

2) 교사와 학생의 상호작용

교실수업에서 교사-학생, 학생-학생 간의 언어적 상호작용은 학습에 매우 중요한 변인이다. 교사-학생 관계의 상황을 교사의 범주화 상황과 교사의 기대에 관한 연구를 중심으로 다음과 같이 제시할 수 있다(김병희 외, 2011).

첫째, 교사와 학생의 사회계층에 따라 언어사회학적으로 분석해 볼 때 각기 다른 언어모형을 사용하고 있다는 것이다.

둘째, 교사가 학생들을 여러 집단으로 분류하고 있는데, 학생들은 이 분류에 따라 수업과정에서 다른 대우를 받는다. 이런 차별적 대우는 자아개념과 성적에 영향을 준다. 교사의 범주화 준거는 학생의 가정 배경, 옷차림, 외모, 언어사용능력이 포함된다.

셋째, 교사의 기대가 학생들에게 전달되어 교사의 기대가 자기충족적 예언으로 나타난다. 즉 교사가 낮은 학업성취를 기대한 학생에게는 높게 기대한 학생들보다 학습에 불리한 방법으로 대함으로써, 결국 낮은 학업성취를 갖게 한다는 것이다.

교사와 학생사이의 사회적 교섭은 학생들의 사회·경제적 배경을 바탕으로 차별적으로 불평등하게 구조화되어 있고, 차별적 상호작용과정은 교사의 기대효과에 의한 것이며, 교사의 차별적 기대에 다라 학생의 학업성취 결과는 악순환된다고 밝혔다(이종각, 2005).

3) 교사의 기대효과

교사기대라 함은 교사들이 학생들의 학업성적 또는 장애 행동을 형성하는 데 영향을 주는 것을 말한다. 이는 교사기대가 자신들의 기대에 대응하는 행동을 보이기 때문에 학생들의 결과에 영향을 준다는 것이다.

머튼(Merton)의 자기충족석 예언(self-fulfilling prophecy)은 한 예언이 형성되면 그 예언이 인간행동에 어떤 구속력을 가하여 바로 예언 자체의 실현을 위한 강력한 수단이 된다는 것이다(김병성, 2005). 그러므로 교육에 있어서 부정적인 측면이 더 치명적인라고 판단할 수 있는데, 교사가 한 학생을 본래 학교에서 열등아라고 판단해 버리는 잘못된 기대이다. 이 평가 때문에 그 학생에게는 다른 학생들보다 적정 수준 이하의 교수가 이뤄진다. 때문에 그 학생은 높은 수준에서 교육받은 학생들에 비해 다음 시험에서 낮은 성적을 나타내는 경향이 있다. 결국 낮은 성취는 학생에 대한 원래의 왜곡된 기대를 확신시켜주는 것이다.

브로피(Brophy)와 굿(Good)은 교사의 기대가 자기충족적 예언으로 되어가는 과정을 다음과 같이 제시하고 있다.

- 초기에 교사는 학생들의 행동과 학업성취에 대해 다른 기대를 형성하고 있다.
- 이러한 다른 기대들은 일치하며 교사는 다양한 학생들에 대해 다르게 행동한다.
- 이러한 처치는 학생들이 어떻게 학문적 과정을 수행하고, 교실에서 어떻게 행동해야 하는가가 기대된다.
- 만약 교사의 처치가 괴도하여 학생들이 교사의 처치에 강력히 저항하거나 바꾸지 못하게 된다면 그들의 자아개념, 성취감, 교사들과의 상호작용, 학급생활에 영향을 준다.

- 일반적으로 이러한 효과들은 교사기대를 강화하고 격려할 것이며, 그래서 학생들은 그들이 다른 방법으로 행동하는 것보다 이러한 기대들을 더 많이 따르게 된다.
- 궁극적으로 이러한 상호작용은 학생들의 학업성취에 영향을 준다.

한편 긍정적인 측면에서 교사가 학생들에게 좋은 성적을 올릴 수 있을거라는 기대감을 가지고 가르치는 경우에는 실제로 교사가 긍정적으로 기대한 만큼 학생들의 학업성취도가 향상된다는 것이다. 이를 자기 충족적 예언 또는 자성적 예언이라고 하며, 이러한 긍정적 현상을 피그말리온효과라고 한다.

이상에서 교사와 학생의 상호작용과정에서 교사의 기대효과는 결국 교사가 어떠한 편견과 선입견을 가지고 학생들과 상호작용하느냐에 따라 학생들의 성취수준이나 자아정체성 함양에 영향을 미친다는 것을 알 수 있다.

생각의 나눔

1. 교실에서 교사의 기대가 학생의 자기충족적 예언과 어느 정도 관련이 있을지 생각해 봅시다.

2. 학교의 역기능적 관점으로 무엇이 있는지 설명해 봅시다.

CHAPTER

08

가족사회와 교육

학습주제

1. 가족의 성격과 형태
2. 가족의 기능
3. 가족 기능의 변화
4. 부모-자녀의 관계
5. 가정에 대한 사회적 지원

원하는 학교에 들어가지 못한 것이 인생에 실패한 게 아니라, 인생이라는 길을 걷다가 만난 한 개의 웅덩이에 불과할 뿐이다. 우리들이 가는 인생 항로에서 만나는 실패는 우리들에게 달디단 열매를 주기 위한 가뭄이나 소나기로 생각하여야 한다.

— 사회학자 Davis

1 가족의 성격과 형태

1) 가족의 성격

흔히 가족이란 혈연, 혼인 그리고 입양에 의해 결합 형성된 집합체를 말한다. 가족은 시간과 공간을 초월하여 존재해 온 기본적인 집단으로서 구성원 상호 간의 상호작용을 통해 공동의 문화를 공유하고 살아가는 가장 기본적인 사회집단이다.

사전적 의미에서 가족은 부부와 그 자녀로 구성된 사회집단의 최소단위이며, 학자에 따라 여러 가지로 정의되나, 이를 종합해보면 ① 사회적으로 인정된 남자와 여자가 성생활을 독점하는 부부로 이루어지고, ② 일정한 생활공간을 공유하며, ③ 하나의 경제생활 단위가 되고, ④ 구성원 간에 역할을 분담하며, ⑤ 자녀를 출산·양육하는 최소단위의 사회집단이라고 할 수 있다(교육학용어사전·서울대학교 교육연구소, 1994).

이러한 가족은 성적(性的) 요구의 충족과 규제, 사회성원의 재생산과 양육을 담당하고, 정서적 안정을 제공하는 안식처로서 가족은 동서고금을 막론하고 어느 사회 집단에서나 볼 수 있는 보편적인 집단이라고 볼 수 있다.

이에 가족의 성격을 보다 구체적으로 살펴보면 다음과 같다(전정태, 2004).

첫째, 가족은 생물학적 단위이자 동시에 사회학적 단위이다. 가족은 부부 간의 성행위, 자녀의 임신 및 출산 등의 생물학적 과정을 포함하고 있다. 단, 이들 생물학적인 과정 및 요소들은 사회적 과정이나 요인들에 의해 규제되고 있다. 즉 성적 요구를 어떻게 충족해야 하는가는 사회적 규범이나 문화적 전통에 의거해서 통제되고 있다는 것이다.

둘째, 가족은 성과 혈연의 공동체적 단위이다. 가족을 구성하는 부부는 양성으로 성립되며, 부모와 자녀는 혈연관계로 맺어진다.

셋째, 부부와 자녀의 결합관계로 이루어진 가족은 한 지붕 밑에서의 동거를 원칙으로 하는 거주 공동체이다. 그런데 이 거주 공동체가 경우에 따라서는 3세대 이상의 세대로 구성되기도 한다.

넷째, 가족은 다른 사회집단과는 달리 출생과 더불어 소속이 결정되므로 타인이 함부로 교체할 수 없는 공동운명체이다.

마지막으로 가족은 사회의 존속과 유지에 중요한 기능을 수행하고 있다. 그러한 사회구조의 분화로 말미암아 가족이 전통적으로 수행해 오던 가능들이 사회에 흡수되거나 병합되어 온 것은 사실이다.

그러므로 가족은 그야말로 인간이 운명적으로 만나는 최초의 집단으로서, 이를 운명적으로 받아들일 수밖에 없는 것이다. 이에 가족관계는 혈연적 관계이고, 구성원 간에는 끊임없이 직접적, 일차적인 면대면 접촉이 이루어지는 인간사회집단의 가장 원초적인 집단이다.

2) 가족의 형태

통상적으로 가족의 형태는 크게 핵가족(nuclear family)과 확대가족(extended family)으로 나누어 설명하고 있다. 핵가족은 가족구성원이 부부관계, 부부와 그들의 미혼자녀들로 이루어진 형태를 의미한다. 반면에 확대가족의 경우 부부와 그들 자녀들 중 기혼 자녀들과 함께 구성하는 형태를 말한다. 보다 구체적으로 살펴보면, 핵가족은 결혼한 배우자들이 출생한 혹은 입양한 자녀들과 함께 살면서 가구를 형성한 경우를 말하며, 확대가족은 결혼한 배우자 및 자녀 이외의 친족이 동일가구에 거주하거나, 혹은 이들과 친밀하고 지속적인 관계를 맺는 것을 의미한다. 이에 오늘날에 와서는 사회가 급속도로 산업화, 도시화에 따라 전통적인 대가족제도가 무너지고, 현대사회에 적합한 핵가족형태로 변하게 되었다. <표 8-1>은 1995년과 2005년 우리나라 세대수별 가구구성비를 나타내고 있다. 이 표에서 알 수 있듯이, 1995년과 2005년 우리나라는 1세대와 2세대 가구가 가장 높은 비율을 차지하고 있고, 대가족의 모습을 띠는 3세대 가구와 4세대 이상 가구의 비율은 10년 동안 오히려 감소하였다. 이것은 우리나라의 가정이 대가족의 형태에서 핵가족의 형태로 변화하였음을 말해준다. 이런 경향은 앞으로 가속화 될 것으로 보인다.

〈표 8-1〉 세대수별 가구구성비

구 분	1995년	2005년
	구성비(%)	구성비(%)
전 국	100.0	100.0
1세대 가구	12.7	16.2
2세대 가구	63.3	55.4
3세대 가구	9.8	7.1
4세대 가구	0.2	0.1
1인 가구	12.7	19.9
비친척 가구	1.4	1.3

자료 출처: 통계청(1995, 2005) http://www.nso.go.kr

2 가족의 기능

가족에 대한 보편적 기능론에 대표적인 학자인 머독(Murdock, 1949)은 가족의 기능으로 성적 기능, 생식 기능, 경제적 기능, 기초적인 사회화 기능 등을 제시하고 있고, 이에 통상적으로 인류사회의 존속을 위해서 가족은 성적 기능, 경제적 기능, 생식 기능, 자녀의 사회화와 양육의 기능을 여러 학자들은 공통적으로 제시하고 있다(김병희 외, 2011).

1) 성질서 유지 기능

가족은 기본적으로 개인의 성적 욕구를 충족시켜 주는 기능을 한다. 이는 성적 욕구가 인간의 기본 욕구로서 무분별하게 이루어질 때 사회의 기본 질서는 무너지게 될 것이다. 가족은 이러한 개인의 성적 욕구를 사회적으로 성적 통제를 가하여 질서를 유지하는 기능을 담당함으로써 개인적으로는 합법적인 성적 욕구를 충족케

한다. 또한 사회적인 측면에서는 사회의 성질서를 확보함으로써 사회의 유지·발전에 기여한다.

2) 생식 기능

가족은 단순히 개인의 성적 욕구를 합법적으로 충족시켜 주는 기능만을 수행하는 것이 아니다. 생식적인 기능은 자녀출산으로 연결되고, 이는 결국 사회구성원을 재생산하여 사회의 유지·존속에 필요한 기능을 수행한다. 즉 사회의 존속에 필요한 사회구성원을 충원하는 기능을 수행한다. 성과 출산의 기능은 어느 사회에서나 중요한 사회적 가치로 인정되고 있다.

3) 경제적 기능

가족의 경제적 기능은 경제활동의 단위이자 경제주체로서 가족구성원이 공동 생산하거나 전문 생산업체에 자본이나 노동력 등의 생산요소를 제공하고, 그 대가로 받은 소득에 의해 기업이 만든 재화를 소비함으로써 가족구성원의 생계유지는 물론 국가경제 발전에 중추적인 역할을 담당하는 기능이다.

4) 사회화 및 교육 기능

개인은 생물적 개체로 태어나 가족의 구성원으로 가족 내에서 행동규범, 생활양식, 가치관, 사고방식 등을 학습함으로써 사회적 존재로 성장한다. 이러한 사회화를 통하여 사회문화를 학습하고 사회가 기대하는 행위 유형을 습득하는 사회화의 과정을 거치면서 비로소 사회성원으로서의 역할을 수행할 수 있게 된다. 따라서 가족의 사회화 기능은 자녀의 성격형성은 물론, 미래 성인이 되었을 때도 영향을 미치는 강력하고 현실적인 기능이라 볼 수 있다.

5) 사회보장적 기능

가족은 자녀를 출산하고 성적 욕구를 충족하는 기능과 더불어, 태어난 자녀를 양육하고 노인을 부양하는 보호의 기능도 담당한다. 이러한 사회보장적 가능은 최근에 와서 다소나마 가족의 기능에서 외부의 전문적인 기관으로 이양되는 경향이 강하다. 그럼에도 불구하고, 가족구성원에 의한 사회보장적 기능으로서의 자녀양육과 노인보호의 기능은 매우 중요하다고 볼 수 있다. 뿐만 아니라 가족은 사회성원들에게 안전과 보호, 그리고 정서적 안정과 애정을 제공하는 안식처로서의 기본적인 역할도 수행한다.

3 가족 기능의 변화

전통사회에서는 농업경제가 가정수입의 원천이었기에 가족들은 대개 가장(家長)을 중심으로 하여 경제활동을 하였다. 하지만 오늘날은 산업화가 급격하게 진행됨으로써 주로 기업이 생산주체가 되고 가족의 경제적 생산 가능은 많이 약화되었다. 그리고 가족의 애정적 기능도 핵가족화 현상과 여성들의 취업으로 인하여 가족 내의 대화시간 부족, 급격한 사회변화에 따른 심각한 세대 간의 갈등 등 많은 변화를 겪고 있다. 이러한 측면에서 가족 간의 상호작용을 통한 정서적 안정을 도모할 수 있는 보금자리로서의 가족의 애정적 기능은 과거 어느 때보다도 더 중요하다고 볼 수 있다. 이처럼 가족의 기능은 시간이 흐름으로써 많은 기능적인 변화가 나타나고 있는데, 이에 가족의 기능적 변화를 살펴보고자 한다(김병희 외, 2011).

1) 사회화 및 교육 기능의 변화

현대사회에서는 핵가족의 증가와 여성취업의 증가로 가족구성원 간의 상호작용이 약화됨으로써 가족의 사회화 기능 중 많은 부분들은 학교나 사회교육기관, 대중매체로 떠맡겨지고 있다. 또한 산업화, 기계화로 말미암아 일터와 가정이 분리된 생활양식이 질적·양적으로 바뀌면서 가족의 기능은 많은 변화를 가져왔다. 오늘날 가정에서 남아 있는 것은 자녀출산과 양육, 성적 욕구의 충족, 휴식과 오락기능, 소비기능뿐이라고 극단적으로 보는 학자도 있다(정동섭, 1994).

과거 전통사회에서는 대부분의 시간을 가족과 함께 보냄에 따라 가족의 영향력이 절대적이었고, 모든 일은 가족 안에서 해결하였다. 하지만 오늘날은 핵가족화 현상과 여성들의 취업증가 등의 급속한 사회변동과 더불어, 가족 간의 상호 유대관계가 약화되고 있다. 따라서 가족에 의한 사회화 기능은 기초적인 부분만 수행하는 현상으로 나타나고 있으며, 가족에 의해 이루어지는 언어, 가치, 규범, 신념 등 사회적 가치와 규범 및 기본적인 생활양식 등 기초영역에서만 가족에 의해 사회화가 이루어지고 있다. 심지어 이것마저도 외부의 전문 사회화 기관으로 떠맡겨지는 현상까지 나타나고 있다. 참고로, 핵가족이나 확대가족 등 가족규모에 따른 자녀의 성격 및 행동특성과의 관련성을 제시하면 <표 8-2>와 같다(곽형식 외, 2000).

〈표 8-2〉 가족규모에 따른 자녀성격 및 행동특성

핵 가 족	확 대 가 족
독립적이고 자율적인 특성을 갖는다	심리적으로나 정서적으로 안정된 특성을 지닌다
협동과 양보심이 부족한 편이다	가족규범과 정서의식이 발달된 편이다
지적 발달 측면에서 성인의 영향을 덜 받게 된다	문화적으로 기성세대의 문화를 전수받을 수 있다
경쟁적이고 이기적이며, 타산적인 특성을 지닌다	성인에게 의존하는 경향이 있다
사회성이 부족한 편이다	이해심이 많고 인간관계 기술을 발달시킬 수 있다
지적·정서적 경험이 부족하다	협동심이 많고 사회성이 발달되어 있다
정서적으로 외로움을 느낄 수 있다	정서적으로 친밀감과 유대감을 느낄 수 있다.

자료 출처 : 김병희 외(2011) 교육사회학. 서울: 공동체 p.171 재인용

2) 가족관계의 변화

가족구성원의 상호관계 또한 오늘날 급격한 사회변동의 영향으로 많은 변화를 가져왔다. 과거 전통사회에서는 아들이 가계를 계승하였으며, 가족은 가부장을 중심으로 한 확대가족의 형태로 이루어졌다. 부모는 대개 장남의 가족과 함께 살면서 부모와 자식 간의 효를 바탕으로 상호관계를 맺고 가족 내의 질서를 유지하였다. 전통가족에 있어서 가계를 계승하고 조상의 제사를 담당하기 위한 아들의 역할은 매우 중요하게 여겨졌다. 또한 가족주의와 공동체적 가치관이 주를 이루면서 남아선호사상이 강하였고, 부계중심의 권위적이고 수직적인 가족관계가 형성되었다. 하지만 산업화와 도시화를 겪으면서 가족의 가치관은 많은 변화를 가져왔는데, 부모와 자식 간, 부부관계에서도 권위적·수직적 관계가 평등적·수평적 관계로 변화하고 있으며, 민주적인 가족의 분위기로 변모하였다.

뿐만 아니라 개인주의적 가치관을 강조하는 핵가족 체제하에서는 개인의 자율성과 주체성이 보다 중요시됨으로써 가부장 권위 축소로 이어지고 있다. 부자관계와 부부관계는 과거의 권위주의적 위계관계에서 벗어나 상호이해에 의한 평등주의적 관계로 변모되고 있다. 이러한 경향은 여성의 사회적 진출로 말미암아 남자 중심의 가족구조가 바뀌어가고 있음을 보여준다. 예컨대, 부부 간의 가사분담은 가정 안에서의 업무 책임이 모두 공평하게 분담되고, 서로의 취미나 관심분야 및 경제적인 영역 등에 대한 상호존중의 경향도 강하게 나타나고 있다.

3) 가족의 구조적 변화

가정의 구조적 변화(change in family structure)라고 하는 것은 사회의 변화에 따라 전통적인 가정의 모습이나 형태가 변화되는 것을 의미한다. 따라서 가정의 구조적 변화라는 의미 속에는 가정의 규모(family size), 가족구성원의 수(number of family member), 비전통적 가정(nontraditional family), 가정의 기능(family function) 등이 변화되는 것을 모두 포함된다고 볼 수 있다. 이러한 가정의 구조적 변화는 아동 또는 학생의 다양한 측면에 영향을 미친다는 사실은 이미 잘 알려져 있다. 교육과 밀접한 관련이 있는 가정의 구조적 변화의 최근 경향성에 대하여 제시하면 다음과 같다(주동범, 2013).

첫째, 핵가족(nuclear family)의 증가경향을 들 수 있다. 사회의 현대화 과정이 진행됨에 따라 농경사회의 전통적 확대가족(extended family) 또는 대가족(large family)이 부부중심의 핵가족으로 변화되어 가고 있다. 그 변화의 요인으로는 산업화, 도시화, 출산율 저하, 교육의 보편화, 여권신장과 가치관의 변화, 권위주의 규범의 약화 등을 들 수 있다. 가족의 변화는 전통적인 가부장제도의 제 기반을 상실시키는 결과를 초래하였고, 이와 같은 변화의 와중에서 가정의 전반적인 모습이나 형태가 크게 영향을 받을 수밖에 없는 것이다.

둘째, 구조적 파괴가정(structural broken family)의 증가를 들 수 있다. 우리나라의 전통적인 가정의 형태나 구조는 양친뿐 아니라, 할아버지나 할머니와 함께 생활하는 것이 전형적인 모습이었다. 그러나 사회의 급속한 변화로 인하여 전통적인 가족구조(family structure)로 여겨져 왔던 양친가족(two-parent family)이나 대가족의 모습은 크게 변화하여 가족의 구조는 많은 변화를 겪고 있다. 특히 최근 부모의 이혼이나 별거의 비율이 증가하면서 한모나 한부가정과 같은 한부모가정이 늘어나고 있는 추세이다.

셋째, 맞벌이 가정(dual-earner family)의 증가를 들 수 있다. 여성들, 특히 자녀를 둔 기혼여성들의 경제활동 참가가 늘어나면서 맞벌이가정이 증가하고 있다. 이러한 증가추세를 보이고 있는 맞벌이가정은 여성의 자아실현, 가정경제의 향상, 국가경제발전에의 기여 등 나름의 장점을 가지고 있지만, 자녀양육, 가사, 부부관계 등 여러 가지 현실적인 어려움이 따르는 것도 사실이다. 특히 자녀양육과 교육은 맞벌이가정이 가장 어려움을 겪고 있는 부분이다(한국여성개발원, 1988).

넷째, 다문화가정의 증가를 들 수 있다. 통계청이 발표한 현황을 보면, 2010년 기준으로 다문화가정 혼인비율은 35,098건으로 전년대비 3.7% 증가하였다. 전체 혼인 중 다문화가정 혼인비율은 10.8%이었다. 그리고 2010년 기준으로 전체 우리나라 출생아 중 4.3%가 다문화가정 출생아였다. 이에 따라 다문화가정의 수가 증가하고 있고, 다문화가정 자녀도 증가하고 있다. 그리고 2011년 기준으로 국내 체류 중인 등록외국인은 1,265,006명으로 이들에 의해 만들어지는 다문화가정도 증가하고 있다. 그러나 외국인의 가족 형성에는 개입하는 변수가 많아 현재로서는 정확한 규모 파악에 한계가 있다.

4) 사회적 통제 기능의 약화

핵가족화 현상은 가족원 수가 적어 인간관계의 고립과 개인주의를 야기하기 쉽고, 가정생활양식의 변화를 가져와 사회문제를 일으키는 경향도 있다. 가족구성원 간의 상호작용의 기회와 의존도가 감소하게 되고, 나아가 바쁜 일상생활로 인한 대화시간의 부족은 여러 가지 가족문제를 일으키고 있다. 가족의 사회화 기능 약화로 인해 기본적인 사회화 기능마저 외부의 전문 사회화기관으로 이양되고 있는 시점에서 가족의 사회적 통제 기능의 약화는 당연한 결과라 볼 수 있다. 핵가족화 현상은 노인의 소외 문제와 청소년 일탈 등의 사회문제를 야기하고, 자녀양육문제, 노인부양문제에 따른 가족 간의 갈등을 유발하기도 한다.

4 부모-자녀의 관계

전통적인 가족에 대한 관념은 결혼한 부부에게 자녀가 생김으로써 가족이 완성된다고 보았다. 이렇게 성립된 부모-자녀의 관계에서 부모가 자녀에게 영향을 미치는데, 부모-자녀의 관계는 혈연으로 맺어진 특별한 관계로 다음과 같은 특성을 갖는다(김유숙, 전영주, 김수연, 2003).

첫째, 부모-자녀의 관계는 출생 직후 또는 태내에서 시작되며, 부모와 함께 하는 자녀의 인생초기 경험은 그들의 발달에 핵심적인 역할을 한다.

둘째, 부모-자녀의 관계는 평생 지속된다. 요즘 평균수명의 연장으로 부모-자녀 관계는 50~60년 이상 지속되기도 한다.

셋째, 부모와 자녀는 많은 양의 상호작용을 하며, 특히 어머니와는 더 그러하다는 것이다.

넷째, 부모는 자녀가 독립하기까지 자녀의 사회화에 책임을 지고, 자녀의 진로, 사회적 관계 등에 영향을 미치며, 성인 자녀 역시 부모에게 영향을 미친다.

이처럼 부모-자녀의 관계에서 부모의 역할은 매우 중요하며, 부모의 양육방식에 따라 부모-자녀 관계가 긍정적 또는 부정적 관계로 형성될 수도 있다는 것이다.

1) 부모의 양육태도

부모의 양육태도 유형에 대하여는 여러 학자들(Symonds, Schaefer, Baumrind 등)이 다양하게 제시하고 있다. 여기서는 여러 양육태도를 종합적으로 제시한 매코비(Maccoby)와 마틴(Martin)의 부모 양육태도 유형을 소개하고자 한다(김병희 외, 2011).

매코비(Maccoby)와 마틴(Martin)은 ① 권위적(authoritative), ② 독재적(authoritarian), ③ 허용적(permissive), ④ 방임적(indifferent) 유형을 제시하였다. 이를 도식화 하면 [그림 8-1]과 같다.

		요구	
		고	저
반응성	고	권위적	허용적
	저	독재적	방임적

〔그림 8-1〕 매코비(Maccoby)와 마틴(Martin)의 부모양육태도 유형의 분류

(1) 권위적 유형

권위적 유형은 자녀에게 애정적으로 대하면서도 자녀의 행동을 통제하는 양육태도를 갖는다. 부모는 성숙한 행동에 대한 확고한 표준을 설정하고, 그것을 지킬 것

을 요구하거나 의사결정과정 및 지시에 대한 합리적인 이유를 설명하는 편이며, 자녀의 의견에 관심을 가진다. 이러한 유형에서 자란 자녀는 일반적으로 높은 자아존중감을 가지며, 독립적이고 사회적으로 유능하며, 자기통제적인 경향이 강하다고 볼 수 있다.

(2) 독재형 유형

독재형 유형은 자녀에 대한 온정과 애정이 부족하며, 독재적이고, 자녀를 통제하기 위해 신체적 처벌을 가하여 통제력을 행사하기도 한다. 또한 이 유형은 모든 의사결정이 부모에 의해서 결정되고, 자녀들은 순종하는 경향이 강하다. 따라서 자녀들은 부모의 독재적인 성향이 강하기 때문에 평소 불만이 높고, 낮은 자아존중감을 가지고 있으며, 사회적 능력과 자발성이 부족하여 냉담한 편이다.

(3) 허용적 유형

허용적 유형은 자녀에 대한 애착심은 강하나, 통제력에 있어서 확고하지 못함에 따라 자녀의 행동을 거의 통제하지 않는 유형이다. 따라서 자녀들은 책임감이 부족하며, 매사에 충동적이고 공격적인 성향이 강하다고 볼 수 있다.

(4) 방임형 유형

방임형 유형은 부모의 역할을 거의 수행하지 못하고, 일관성이 결여되어 있으며, 자녀와의 상호작용이 부족한 상태이다. 따라서 자녀는 대체로 낮은 자아존중감을 가지게 되고, 적대적인 성향이 강하고, 공격적이며 복종을 잘 하지 않는 경향이 강해 비행을 저지를 가능성이 높다고 볼 수 있다.

2) 부모-자녀의 관계에 영향을 미치는 요인

부모-자녀의 관계에 영향을 미치는 요인을 대별해 보면, 사회·문화적 요인, 사회·심리적 요인, 부모의 개인적 특성, 자녀의 개인적 특성이라는 네 가지 요인이 있다. 이러한 요인들은 독립적으로 부모의 양육태도에 영향을 미치기도 하지만, 서로 상호 연관되어 영향을 미치기도 하여 상호관련성이 존재한다. 사회·문화적 요인에 해당되는 것들로는 인종, 사회계층, 가족구조 및 규모, 거주 지역, 자녀에 대한 기대나 가치 기준, 종교 등이 해당한다. 사회·심리적 요인에는 가족의 분위기, 부부관계, 현제자매간의 관계, 부모-자녀의 관계 등이 포함될 수 있다. 그리고 부모의 개인적 특성에는 부모의 연령, 성별, 교육수준, 성격 및 생활경험, 부모역할에 대한 이해, 자녀에 대한 기대, 부모의 직업 유무 등이 포함될 수 있고, 자녀의 개인적 특성에는 성별, 연령, 출생순위, 건강, 지적 능력, 성격특성, 부모에 대한 기대 및 선호도 등이 있다(김명희, 1998).

이러한 요인과 더불어 또 다른 중요한 요인으로 전체적인 가정환경(family environment)을 들 수 있다. 이러한 가정환경으로는 부모가 지니고 있는 자녀양육과 관련된 가치관, 가족의 구조적 특성, 현재 가정이 처한 상황 등이 있는데, 논자에 따라 부모의 양육태도를 가정환경 속에 포함시키는 경우도 있지만, 이를 분리하여 생각한다면 분명히 가정환경은 부모가 자녀에게 대하는 태도나 부모-자녀 관계에 적지 않은 영향을 미칠 수 있다(주동범, 2013).

5 가정에 대한 사회적 지원

1) 한부모가정을 위한 사회적 지원

한부모가정의 경우 다른 일반적인 가정보다 지원할 수 있는 자원이 매우 부족하여 교육적으로 누적적인 결손이 심각하다고 볼 수 있다. 이에 한부모가정의 자녀들의 교육을 위해 시급히 그 대책이 마련될 필요가 있을 것이다. 한부모가정을 위한 몇 가지 사회적 지원방안을 제시하면 다음과 같다(곽형식 외, 2000).

(1) 경제적 지원 프로그램의 확대·적용

한부모가정은 다른 어떤 유형의 가정보다 활용할 수 있는 자원이 부족하며, 생계곤란 등과 같은 일차적 욕구의 문제를 해결하기 힘든 경우도 많다. 그러나 이들 한부모가정에 대한 국가의 경제적 지원은 매우 미흡한 실정이다. 다시 말해서 한부모가정의 소득보장을 위한 공식적·비공식적 지원체계가 미흡할 뿐만 아니라 그 수준 또한 기본적인 생활을 유지하기도 어려운 정도라고 할 수 있다.

한부모가정을 위한 경제적 지원 프로그램을 좀 더 구체적으로 제시하면 다음과 같다.

첫째, 공적부조제도 내에 한부모가정을 위한 다양한 수당제도를 마련해야 한다. 즉 한부모가정의 자녀교육을 위한 아동 및 청소년 수당제도를 마련하며, 특히 취학 전 연령의 자녀를 둔 한부 또는 한모는 이들의 자녀를 맡기고 직업에 종사할 수 있도록 교육수당제도를 마련해야 한다. 그리고 한부모가정 내에 장애인이나 노인 혹은 만성질환자 등이 있을 경우 이들의 생계유지를 위한 특별보조비를 지불해야 한다.

둘째, 기존의 국민연금제도 내에 한모 및 한부 연금 등이 제도화되어야 한다. 특히 이혼한 여성에게도 연금수급권을 주도록 현행 국민연금제도를 개선해야 하고, 가정주부의 노후, 이혼 후의 연금권을 보장하기 위해서는 전업주부들도 국민연금에 가입할 수 있게 하는 기초연금제도를 도입해야 할 것이다. 연금제도를 실시하고 있는 대부분의 선진국에서는 부부재산 공유제의 개념으로 연금분할제도를 채택하고 있는데, 우리나라에서도 이를 제도적으로 정착시키는 것이 필요할 것이다.

셋째, 한부모가정의 주택문제 해결을 위해 공영주택의 임대나 우선 분양, 주택구입을 위한 저리융자금의 제공 등 제도를 적극 도입해야 할 것이다.

넷째, 한부모가정을 위한 의료보호제도를 확대·실시해야 한다. 상당수의 한부모가정은 경제적 어려움을 겪고 있는데, 특히 장기적인 의료비 지출이 발생할 경우 한부모가정은 극심한 빈곤상황으로 빠지게 된다.

다섯째, 한부모가정을 위한 직업훈련 및 취업 알선의 기회를 확대·실시해야 한다. 특히 거의 대부분의 한부모들은 그들 자신뿐만 아니라 자녀지도 및 교육을 위해 직업을 찾게 되지만, 대부분이 단순노동이나 서비스 직종에 종사하고 있어 경제적 소득이 낮은 편이다.

그러므로 기혼여성의 취업을 위한 기술교육의 기회가 확대되어야 하며, 아울러 최근 새로운 분야의 직업훈련 프로그램이 많이 도입되어야 할 것이다. 또한 한부모가정의 부모 직업훈련을 위해서는 자녀의 지도 및 교육문제가 먼저 해결되어야 하므로 훈련기관 내에 사회복지 시설을 설치하거나 지역사회 내에 복지시설을 부담 없이 이용할 수 있는 제도가 마련되어야 할 것이다.

(2) 상담 프로그램의 확대·실시

배우자의 이혼이나 사별 등으로 혼자가 된 한부나 한모는 경제적인 부담감과 더불어, 자신감 상실, 만성적 우울이나 고립감 등에 쉽게 빠지게 되는 경향이 있다. 특히 이혼을 할 경우에는 자녀에 대한 죄책감이나 이혼과정에서 입은 상처로 헤어진 배우자에 대한 증오심을 갖거나 미련으로 인해 심리적인 문제를 갖기도 한다.

대부분의 한부모들은 자녀지도나 교육상의 어려움이나 독신생활의 외로움을 달래기 위해 상담소 및 교육기관의 이용을 생각하고 있다. 김정자(1984)에 의하면 한부모가정들은 배우자와의 이별로 가장 기본적인 사회적·정서적 지원자를 잃었을 뿐만 아니라, 이로 인해 친족관계나 친구, 이웃관계에서 다소 멀어졌고, 사교활동도 위축된 상태에 있음이 밝혀졌으며, 한국여성개발원(1996)의 조사에서는 조사대상자의 약 71%가 '이혼한 사람을 위한 프로그램에 참석하겠다.'고 응답하고 있어 이혼여성들을 위한 적응 프로그램의 개발이 매우 시급함을 알 수 있다.

그러므로 한부모를 위한 각종 상담활동을 강화하여 그들에게 도움을 주거나 한부모들의 자조모임(self-help group)을 활성화하여 동질적인 문제를 가진 사람들끼리 서로의 어려움을 나누어 가짐으로써 조속히 문제를 해결할 수 있는 방안이 모색되어야 할 것이다.

(3) 아동·청소년보호를 위한 프로그램의 확충

앞서 언급한 것처럼 한부모가정이 당면하고 있는 가장 큰 어려움 중의 하나는 자녀지도 및 교육문제인 만큼 한부모가정의 아동을 위한 각종 프로그램을 개발할 필요가 있다. 다시 말해서 직업 때문에 자녀를 돌볼 시간이 부족한 한부모들을 위해 지역사회가 부모의 역할을 보완해 준다는 의미에서 아동·청소년보호를 위한 각종 프로그램을 실시해야 한다는 것이다.

아동·청소년보호 프로그램은 성장하고 있는 아동 및 청소년들에게 안전하고 유익한 환경을 제공해야 한다는 점에서 보호적 측면과 교육적 측면이 고려되어야 한다. 아동·청소년보호 프로그램을 대상에 따라 구분되어야 하는데, 우선 유아나 초등학교 저학년 아동들을 위해서는 방과 후 지도프로그램이 실시되어야 하고, 청소년 자녀들을 위해서는 청소년 문화센터를 설치하여 취미나 여가활동 등을 위한 각종 프로그램을 마련할 필요성이 있다. 또한 한부모가정의 자녀 중에서 중·고등학교에 진학하지 못한 아이들을 위해 직업훈련 및 야학 프로그램을 마련할 필요가 있다.

2) 맞벌이 가정을 위한 사회적 지원

오늘날은 자녀교육에 있어 경제적 뒷받침을 위해 맞벌이 부부가 증가하면서 물질적인 뒷받침은 과거 확대가족에 비해 나아졌지만, 실제적인 사회·심리적 지원 기능인 아이들의 학습을 도와주고 촉진시키는 활동에 시간을 쏟는 부모의 역할은 감소하는 것으로 나타나고 있다. 이에 맞벌이 가정을 위한 몇 가지 사회적 지원방안을 제시하면 다음과 같다(곽형식 외, 2000).

첫째, 맞벌이 가정의 자녀양육 및 교육을 도와주기 위해서는 이들 부모 대상으로 교육하고 상담해 주는 기관 및 시설이 필요하다.

둘째, 사회복지시설의 확충으로 자녀를 안심하고 맡길 수 있는 공간이 마련되어야 할 것이다. 사회변화에 따른 여성의 사회진출로 인해 자녀를 안심하게 맡길 수 있는 양질의 사회복지 프로그램을 개발하고 쾌적하고 안전한 시설 및 교육환경을 조성해야 할 것이다.

3) 다문화가정을 위한 사회적 지원

여성가족부(2012)의 「제2차 다문화가족정책 기본계획」을 살펴보면 '활기찬 다문화가족, 함께하는 사회'를 비전으로, ① 사회발전 동력으로서의 다문화가족 역량 강화, ② 다양성이 존중되는 다문화사회 구현을 목표로 하고 있다. 결혼이민자의 한국 거주기간이 점차 길어짐에 따라 결혼이민자의 취업지원과 자녀세대의 학교생활 적응 등 다문화가족 구성원의 역량 강화에 중점을 두었으며, 다문화가족의 사회통합에 대한 기본 관점을 정립하고, 법·제도적·실질적 사각지대를 해소하여 진정한 다문화사회를 구현하고자 하였다.

한편 교육부(2012)의 「다문화학생 교육선진화 방안」의 추진 배경 및 주요 내용을 살펴보면 다음과 같다. 먼저 추진 배경을 보면 첫째, 다문화사회에 부합하는 새로운 교육정책방향 수립이 요구된다. 둘째, 다문화학생의 교육 수요에 맞는 맞춤형 지원이 필요하다. 셋째, 다문화학생 지원을 위한 전 사회적인 협력체계 구축이 필요하다.

다음으로 주요 내용을 살펴보면 첫째, 다문화학생 공교육 진입 지원을 위한 예비학교 및 다문화 코디네이터 운영, 둘째, 한국어 교육과정(KSL) 도입 및 기초학력 책임 지도 강화, 셋째, 다문화학생과 일반학생이 함께 배우는 이중 언어교육 강,화 넷째, 다문화학생 진로·진학 지도 강화, 다섯째, 다문화 친화적 학교환경 조성, 여섯째, 일반학생과 학부모에 대한 지원 강화 등이다(주동범, 2013).

생각의 마당

1. 가족집단의 기능을 이해하고, 가족구성원으로서 역할과 책임감을 설명해 봅시다.
2. 가정환경의 변화 및 병리현상에 대한 문제점을 진단하고, 해결방안을 생각해 봅시다.

CHAPTER

09

신자유주의와 교육

학습주제

1. 신자유주의의 의미
2. 신자유주의와 교육
3. 신자유주의와 교육개혁
4. 신자유주의 교육정책의 비판

도덕적 훈련은 도덕적 삶을 지탱시키고 있을 뿐만 아니라 인성과 성격형성에 중요한 역할을 한다. 성격의 가장 필수적인 요소는 자신을 제어할 수 있는 능력인데, 이것은 개인의 습관과 욕망을 포괄하여 그것들을 법칙에 순응하게 하는 것이다.

— 사회학자 Durkheim

1 신자유주의의 의미

신자유주의의 핵심개념은 '시장'이라고 말할 수 있다. 신자유주의는 고전자유주의의 바탕이 되었던 '시장의 보이지 않는 손'에 대한 믿음과 국가의 간섭이나 규제가 없는 시장, 개인의 자유로운 경제활동이 개인과 사회의 복리를 증진시킬 수 있다는 믿음에서 출발한다. 그러므로 자유시장의 불완전성으로 인한 국가 개입의 필요성과 개인의 자아실현을 돕는 적극적 자유를 주장하는 수정자유주의의 복지국가 모델은 신자유주의자에게 시장과 개인활동의 자유를 저해하는 모델로 인식되고 비판받았다(신인영, 2002).

신자유주의는 크게 세 가지 관점에서 특징지을 수 있다(김천기, 2014). 첫째, 자원배분 기제로서 시장의 효율성에 대한 절대적인 믿음이다. 둘째, 모든 경제관계에서 시장원리의 확대, 즉 자유무역과 자유로운 금융자본의 이동을 가능케 하는 대외개방과 자유화, 탈규제가 요청되며, 공공영역에서도 시장논리와 경쟁원리가 강조된다. 셋째, 경제정책에서 균형재정을 지향하는 긴축 위주의 재통화정책, 소득재분배보다는 자본축적을 위한 감세 위주의 조세정책이 강조된다.

고전자유주의자인 아담스미스는 시장경제에 참여하는 모든 사람들은 자신들의 사적 이익을 추구하기 위해 활동하지만, '시장의 보이지 않는 손'에 의한 이들의 사적 이익추구 행위가 공동체 전체의 경제적 후생을 증진하도록 유도한다고 말하고 있다(김경환 외 공역, 2006 재인용). 즉 개인이 사적 이익을 최대한 추구하기 위해 생산과 소비를 할 때 개인은 의도하지 않았어도 공익을 증진시킨다는 것이다. 예컨대, 개인이 어떤 재화를 싼 가격, 좋은 질로 구입하고자 하면 할수록 공급자도 소비자의 욕구에 맞춰 경쟁하기 때문에 국민경제 전체의 질서가 유지되고, 부와 번영이 온다는 것이다. 그러나 국가의 개입은 오히려 가격을 왜곡시키고, 가계와 기업의 의사결정을 왜곡시킨다고 보았다(허은주 외, 2012).

신자유가 내세우는 정책 논리는 개인주의, 시장의 효율성, 규제완화이다. 경제뿐 아니라 사회 모든 영역에 시장의 원리를 도입하고, 복지, 의료, 교육과 같은 사회공공서비스 재정을 축소하며, 자유시장 질서를 침해하는 모든 규제를 철폐해야 한다는 것이다. 또한 모든 부분을 민영화하고, 공공재 또는 공동체의 이념을 배제시킨다.

하이에크(Hayek, 1948)는 자율적인 질서가 존재하는 시장의 장점으로 두 가지를 말한다. 하나는 개인들이 각자 다른 목표를 추구하면서도 함께 자유롭고 평화롭게 살 수 있게 하는 것이고, 또 하나는 경쟁을 통해 효율적인 생산을 한다는 것이다.

시장논리 측면에서 교육도 정부의 강력한 개입 아래 경쟁 없이 유지되어 온 공교육은 비효율적이고 획일적이며 질적 향상을 위한 노력이 부족하다. 그러므로 교육에도 '시장의 논리'에 따른 선택과 자율이라는 개념이 도입되어야 한다는 것이다. 세계화된 사회에서 국가 간 치열한 경쟁을 통해 살아남기 위해서는 국가경쟁력을 길러야 하고, 이를 위해선 시장경제의 원리를 따를 수밖에 없다는 것이다.

2 신자유주의와 교육

1) 신자유주의와 교육의 관계

우리나라의 교육과정은 신자유주의와 연결되어 있다. 신자유주의 교육이란 학생·교사·학교 간의 경쟁, 학생의 학교선택권 보장, 학교형태의 다양화, 교육의 수월성 등으로 표현된다. 또한 교원 성과급제도, 자립형 사립고등학교제도, 평준화정책 비판 등도 신자유주의 교육정책의 일환이다(내일을 여는 역사 편집부, 2007).

이는 시장의 논리를 교육에 적용하여 교육을 수요자가 선택할 수 있는 상품으로 규정한다는 생각이다. 신자유자들은 교육의 목적을 인간의 자아실현과 소질계발에 두는 것이 아니라 인간을 자본으로 생각하여 인간자본 육성에 중점을 둔다.

신자유주의가 추구하는 교육 재편의 방향을 살펴보면 다음과 같다(천보선, 김학한, 1998).

① 교육부분에 대한 시장원리의 도입이다. 신자유주의가 교육에 시장원리를 도입하는 것은 우선 교육투자에 대한 재정부담을 줄이면서 자본이 필요로 하는 유연한 노동력을 수월하게 공급받기 위해서이다. 교육분야에 시장원리를 적용해 교육을 생산과 소비라는 관점으로 보고, 소비자 권리를 강조하는 교육선택권을 새로운 교육원리로 내세운다. 교육의 수월성과 효율성을 기치로 학생 및 학교 간 경쟁구조의 창출, 국가의 규제 완화 및 민간참여의 확대, 기업적 경영방식의 도입, 교육비의 수익자 부담 확대 등을 추진한다. 그리하여 지금까지 공교육을 움직여 왔던 원리 자체가 변하는 것이다. 교육의 공공성은 점차 약화되어 가고, 국민 통제의 원리는 상실되며, 그 자리를 사적인 이해들과 사적 이해를 조정하는 장치로서 '시장원리'가 대체하는 것이다.

② 노동의 유연성을 제고하는 교육 변화이다. 자본의 유연성을 극대화하기 위해서는 유연한 노동이 필요하다. 그를 위해 창의적·자율적 교육을 강조하기도 한다. 자본이 요구하는 노동의 유연성에는 유연한 노동능력과 유연한 노동시장이라는 두 가지 의미가 있는 데, 신자유주의는 이 두 가지 모두를 추구한다. 유연한 노동능력 형성을 위해 신자유주의는 유연한 사고와 대처능력, 자기책임성을 강조하고, 기초교육을 강화하는 한편, 실업·기술교육을 확대하고, 교육인플레를 조장하며, 유연화 이데올로기를 강요한다. 창의적·자율적 교육에 대한 강조나 기초교육의 확대, 교육의 다양화, 교육인플레 조장, 유연화 이데올로기의 강요 등은 주로 노동시장 유연화를 위한 것이다. 그리고 유연화 노동력의 지속적인 형성을 위해 교육공간의 확대(열린교육), 교육기간의 연장(평생교육 체제)을 추진하고자 한다(허은주 외, 2012)

2) 우리나라의 신자유주의 교육

정부는 우리 교육의 문제점 해결방안으로 신자유주의를 도입했다. 교육체제의 획일성과 입시위주의 교육, 주입식 교육에 대한 나름의 해결책이었다. 그 원리만으로 본다면 신자유주의는 교육의 다양성을 주장하고, 교육을 받는 이들의 선택권 등을 존중한다는 점에서 좋은 측면도 있다. 그러나 이는 교육의 병폐에 묻혀 버리고, 오히려 그 단점으로 지적되는 시장경제의 원리에만 입각하게 되었다. 사실 경제논리로는 경쟁을 통해 질을 향상시킬 수 있다고 하더라도 교육에서는 문제가 달라지는 것이다. 학생과 교사의 무한경쟁을 부추김은 과도한 사교육비의 증가와 교원의 추락, 교사의 질적 하락으로 나타나고, 학교의 현장은 경쟁으로 인한 열등감과 스트레스에 시달리게 되었다.

그리고 사실 획일적으로 길들여져 온 우리의 학교체제는 갑작스럽게 불어닥친 신자유주의의 다양성과 개성을 중시하는 교육을 운영할 만한 세력도 여력도 없는 것이 사실이다. 외국의 선진국들의 경우에는 정부의 간섭과 통제에서 벗어나 각 학교에서 배제시키는 형태를 띠고 있지만, 우리나라의 경우는 '신자유주의'라는 정책을 교육계에 도입시키는 데도 정부의 간섭과 영향력이 오히려 커졌다는 것이다(김천기, 2014).

3 신자유주의와 교육개혁

신자유주의의 개념을 앞서 언급하였듯이, 개인주의, 시장의 효율성, 사장의 자유를 강조하는 사조를 지칭한다고 하였다. 신자유주의는 무한경쟁이라는 세계화시대에 적합한 패러다임으로 받아들여진 것이다. 여기서는 교육개혁과 관련하여 신자유주의의 시장논리와 교육, 교육의 자율성과 선택, 시장자유주의의 시장논리 평가, 신자유주의 시장논리와 한국교육에 대하여 살펴보고자 한다(성용구, 2005).

1) 신자유주의 시장논리와 교육

신자유주의자들은 다음과 같은 기본적인 가정을 가지고 있다.

① 한 사회의 기본질서는 자유롭고 독립적인 행위의 주체인 개인들의 집합체로 구성된다.

② 각 행위자는 자신의 선호를 충분히 알고 있으며, 자신의 이익을 효과적으로 추구할 수 있는 계산능력을 가지고 있다.

③ 각 개인이 타인에 대한 배려 없이 자신만의 이익을 극대화하는 식으로 행동한다 해도 사회 전체의 공익을 가져올 수 있다(김승현 외, 1994).

신자유주의자인 하이에크(Hayek, 1948)는 개별적인 자기 이익의 추구로부터 집합적 이익이 보장될 수 있다고 본다. 그는 자유방임적 시장체계만큼 이러한 기능을 효율적이고 공정하게 수행해 줄 수 있는 사회적 메커니즘은 없다고 주장한다. 시장은 어느 누구의 특정한 목표의 우월성을 전제하지 않고 누구에게나 동등한 절차적 기회가 보장되기 때문에 '공정하다'고 강조한다. 또 시장질서는 가격원리에 따라 상황 즉흥적으로 움직이기 때문에 잘못된 계획이나 오도된 통제가 초래하는 비용을 절감할 수 있어서 '효율적'이라 여겨진다.

신자유주의자들은 교육도 하나의 '상품'으로 규정하고, 학교를 공급자, 학부모나 학생을 소비자로 규정한다. 이들이 보기에는 교육은 개인들 간에 사고팔 수 있는 하나의 민간재에 불과하다(윤봉준, 1997). 왜 교육이 민간재인가? 그들의 논리는 무엇인가? 교육이 민간재라면 국가의 공적 책임이나 개입은 불필요하게 된다. 다시 말해서, 그들이 교육을 민간재라고 주장하는 이유는 교육에 대한 국가의 공적 책임을 없애기 위한 것이다.

시장논리적 관점에서 진단하는 공립학교의 문제점은 다음과 같다. 첫째, 교육관료 조직의 규제와 통제에 의해 학교의 자율성이 저해되고 있다. 둘째, 학교 간의 경쟁이 없어 교육의 질을 제고하기 위한 단위학교의 노력이 부족하다. 셋째, 교육소비자인 학생의 필요와 무관하게 교육공급자인 학교에 의해 획일적으로 교육서비스가 제공되고 있다. 즉 관료적 통제를 완전히 폐지하고, 정치적 이해관계를 배제한 자유경쟁의 논리를 적용함으로써 다음과 같이 공립학교의 문제를 해결할 수 있다. ① 단위학교의 자율성과 책무성을 강화할 수 있고, ② 학교 간의 경쟁유도를 통해 교육의 질을 향상시킬 수 있으며, ③ 교육소비자에게는 교육선택권을 부여하여 자신의 필요에 맞는 교육을 받을 수 있다(Chubb & Moe, 1990).

그러나 미국 사립학교에 대한 첩(Chubb)과 모(Moe)의 기술이 정확하지 못하다는 비판이 제기되고 있다. 이를테면 글래스(Glass, 1997)는 사립학교와 공립학교 교원이 경험하는 자율성 간에는 큰 차이가 있다는 첩(Chubb)과 모(Moe)의 주장은 과장되어 있다고 주장한다. 사립학교장이나 교사가 자율성과 자유를 누리고 있다는 것은 신화에 불과하다는 것이다.

2) 교육의 자율성과 선택

시장논리의 핵심적 개념인 자율성과 선택의 개념을 통해 시장논리의 주장을 보다 구체적으로 파악해 보자.

(1) 교육의 자율성

우리가 주의 깊게 살펴볼 점은 사립학교의 조직적 특성이 자율성이라 하지만, 그 자율성은 소유주나 학교장의 자율성이지 교사의 자율성은 아니라는 것이다. 사립학교의 조직특성상 학교장은 보스이고, 교사는 부하일 뿐이다. 학교장의 권한이 막강하기 때문에 교사에게 자율성을 충분히 보장해줄 수 있다는 것이다. 과연 그럴까요?

그리고 공립학교에 자율성을 부여한다고 하지만, 실상은 국가의 개입이 더욱 강해진다는 모순을 안고 있다. 영국의 경우 교육과정 및 평가에 대한 통제권을 중앙에 집중시키고 있다. 지방교육당국의 권한을 단위학교에 위임하여 단위학교의 자율성을 확대하면서, 동시에 국가교육과정 등 교육에 대한 국가의 통제는 더욱 강화되었다.

(2) 선택

시장의 논리에 따르면 학생의 필요가 무엇인가를 국가는 정해서는 안 된다. 학부모와 학생은 자신들이 무엇을 필요로 하는가를 알 수 있고, 그것에 부합된 학교를 선택할 수 있다. 이제는 국가 대신에 학부모가 자녀의 필요를 정해야 하고, 그것에 부합된 교육프로그램을 선택하면 된다(Paris, 1995). 여기서 학부모들은 개별적인 소비자로서 선택이라는 행위를 하게 된다.

학부모의 선택은 시장논리적 개혁 이전에도 존재했었다. 물론 이러한 제한된 선택에 의해서도 학교 간의 경쟁을 불러일으킬 수 있고, 이를 통해 학교교육의 질을 개선할 것이라고 여겨졌었다. 하지만 이 학교들은 관료적 통제 하에서 전부 재정적 보조를 받았고, 학생이 정원에 미달되는 일이 없어 존속이 보장되었다. 선택계획은 단순히 학부모에게 선택권을 부여해 주는 차원이 아니라 공급자를 관료적 통제로부터 완전히 자유스럽게 해주는 동시에 공급자 상호간의 생존 경쟁을 유도하는 차원이다.

그러나 시장에서의 선택에서도 문제가 되는 것은 학부모가 학교를 선택할 때 무엇을 고려하느냐 하는 것이다. 그리고 또 하나의 문제는 학생들이 한 학교를 선택했다고 해서 전부 수용될 수 없다는 점이다. 여기서 우리가 주목해서 볼 점은 학교가 학생을 선발할 수 있게 되면 학교는 점차적으로 차등화, 또는 서열화된다는 점이다. 이렇게 되면 학생들에게 주어지는 교육적 경험은 달라지게 되고, 학생모집에 대한 최종권한은 학부모가 아니라 학교가 갖게 된다(Walford, 1994).

(3) 신자유주의의 시장논리 평가

교육의 사적 영역으로의 이동에 대해서 우리는 어떻게 생각해야 하는가? 여기서 '교육의 상대적 자율성 이론'이 상당한 도움을 준다. 교육의 상대적 자율성은 사회의 여러 부문과의 관계를 지칭하는 구조적 개념으로 이론화될 수 있다. 교육이 공공영역에 속하는 한, 상품의 논리에 의해 지배되거나 그 논리에 따르지 않는다. 물론 교육은 자본주의 체제의 재생산하는 기능을 하지만, 그것이 상품의 논리에 의해 기능하는 것은 아니다.

그런데 신자유주의는 교육을 아예 시장경제 영역으로 옮겨놓자는 것이다. 그리하여 교육을 상품의 논리에 따르도록 한다. 이는 교육이 국가의 영역을 벗어나 사적 영역에서 완전히 상품논리에 따라서 자본주의 경제체제를 재생산하도록 하자는 것이라는 해석이 가능해진다(물론 실제적으로 국가의 개입 없이 재생산이 기능한가 하는 것은 따로 논의할 주제이다). 이렇게 되면 학교교육은 상품논리에 따라 자본주의 재생산역할을 수행하게 되고, 상대적으로 국가영역에서 가능했던 평등화의 역할과 민주적 공동체 형성의 역할이 심각하게 위축당하게 된다.

교육이 시장영역으로 이동하게 되면, 학교도 시장경쟁논리에 따라야 하고, 교사는 시장의 상인들처럼 서로 자기 물건을 팔기 위해 경쟁해야 한다. 상인들은 돈을 벌기 위해 시장에서 얼마나 애쓰는가. 그런데 교사들은 무사안일하기 그지없다. 가

만히 있어도 고객이 주어지고, 고객이 무엇을 요구하든 상관없이 구태의연하게 자기들 식으로 교육을 하고 있으니 말이다.

(4) 신자유주의 시장논리와 한국교육

한국교육도 시장경쟁 논리에 따라 구조조정을 한다면 과연 고질적인 한국교육의 문제와 병폐가 해결될 수 있고, 교육의 질이 높아질 수 있을까?

신자유주의자인 윤봉준(1997)에 의하면 "한국교육은 하나의 거대한 국영산업으로 부실경영의 표본이 된다. …… 교육도 이제 시장에 돌려줘야 한다. 소비자 반란이 일어나야 한다."고 주장한다. 그는 우리 교육에 두 가지의 잘못된 신념이 있다고 한다. 첫째는 학교교육이 공공재라는 전제, 둘째는 기회평등이며, 전체 사회가 지켜야 할 덕목이고, 이를 위해 교육이 봉사해야 한다는 것이다. 그런데 첫째 신념은 경험적으로 신빙성이 없으며, 둘째의 신념은 사회 전체가 망하는 길이라는 것이다. 따라서 최선의 길은 민영화하여 공급을 민간자율에 맡겨야 한다고 주장한다.

한편에서는 시장논리적 개념에 거는 기대감도 크다. 즉 시장경쟁논리를 교육에 적용하면 첫째, 학교현장의 나태한 모습들이 경쟁을 통해 개혁될 것이다. 둘째, 학교운영위원회 활동을 통해 교육문제를 보다 직접적으로 풀어볼 수 있다. 셋째, 학교배정을 완전히 자유선택으로 하여 가고 싶은 학교에 다닐 수 있도록 할 수 있다. 넷째, 대학의 경우 정원이 자율화되고 다양한 편입학 제도들이 생긴다면 입시전쟁으로부터 자녀들을 구할 수 있다. 다섯째, 타율적이고 경직적인 교육제도를 자율적이고 탄력성 있는 교육제도로 바꾸어 놓을 수 있다(천세영, 1998).

4 신자유주의 교육정책의 비판

신자유주의 교육정책을 비판하는 주요 문제점과 한계를 제시하면 다음과 같다(허은주 외, 2012).

1) 신자유주의 교육정책, 무엇이 문제인가

신자유주의 교육개혁을 비판하는 주된 이유는 인간의 다양한 활동을 자본적 수단으로 전환시킴으로써 교육활동 역시 이윤획득을 위해 교환되는 상품의 생산과 소비논리에 따르도록 한다는 점 때문이다(강주헌 역, 2001; 김용일, 2000; 강내희, 2000).

1980년대 국제경쟁이 치열해지고 교육이 국가의 경쟁력을 좌우한다는 생각이 퍼지면서 보수주의자, 자유주의자, 민족주의자들은 국가경쟁력을 약화시킨 주범으로 학교교육을 지목하게 되었다. 미국에서는 위기에 처한 국가(A nation at risk)라는 보고서를 비롯하여 많은 문헌에서 교육기회균등 정책을 비판하였다.

이들은 무분별한 교육기회균등 정책 때문에 교육의 수월성이 약화되고, 이로 인해 국가의 경쟁력이 약화되었으며, 미국이 경쟁국들로부터 추월을 당하고 있다는 주장을 펴고 있다. 그리고 이들은 부모의 자녀교육 선택권이 기본 인권임을 내세움으로써 교육기회균등에 의한 정책들이 부당하다고 주장하고 있다. 이러한 흐름에 부응하여 다양한 교육정책들 – 특성화 공립학교, 학교선택권, 단위학교 경영 등 – 이 시도되고 있다(오욱환, 2008).

신자유주의자들은 공교육의 실패를 경쟁이 없는 독점적 지위에 있다고 본다. 교육의 질을 향상시키고, 더 나은 교육서비스를 제공하기 위해 시장원리를 도입하여 경쟁체제를 갖추자는 것이다. 그로 인해 교육 불평등을 해소할 수 있다고 생각한다.

첩과 모(Chubb & Moe, 1990)는 학교의 자율성과 전문성을 허용하지 않는 공립학교에 비해 시장원리가 지배하는 사립학교의 경우 학생과 학부모는 자신들이 원하는 교육을 제공받을 수 있으며, 학부모나 학생이 공립학교에서 보다 학교운영에 훨씬 더 큰 영향력을 행사할 수 있다고 주장한다. 그러나 신자유주의 교육개혁이 주장하는 논리 자체에 오류가 있다. 우선, 교육을 경제논리로 보는 관점이 문제이다.

경제위기의 원인이 교육에 있다는 주장은 뒷받침할 만한 근거가 약하고 이론적으로 타당하지 않다(이병환, 2002). 교육을 상품으로, 교육의 주체를 소비자와 공급자의 개념으로 보는 것이 무리가 있다. 교육을 상품으로 규정하면 국가의 공적 책임과 개입은 불필요하다. 교육은 시장의 이론으로 설명할 수 없는 고유의 가치와 목적이 있는 것이다. 수요자인 학생이나 학부모가 원하는 대로 교육을 공급한다고 할 때 민주시민으로서 갖추어야 할 소양이나 자아실현을 위한 교육이 제대로 이루어지지 않을 가능성이 많다. 또한 교사를 공급자, 학생과 학부모를 소비자로 보는 시각은 교육활동에 있어서의 상호작용을 배제한 지나치게 단순화한 시각이다. 교사와 학생은 단순히 지식을 주고받는 관계가 아니라 인간적인 만남을 통해 상호작용하고 역동적인 관계를 형성한다.

그리고 신자유주의 교육정책의 실시로 개인의 자유가 최대한 보장될 수 있다고 주장하지만, 교육소비자에게 선택의 자유만 있을 뿐이고, 참여와 발언, 의사결정의 자유는 주어지지 않는다. 또한 공급자로 규정한 교사들에게 교육활동의 자유가 주어지는 것이 아니고, 학교 경영자나 소유자, 교육관료, 소수의 학부모 등에게만 자유가 주어질 뿐이다(이병환, 2002).

2) 신자유주의 교육정책의 문제점과 한계

위의 언급처럼 신자유주의 교육정책이 갖는 논리적 문제점도 있지만, 신자유주의 교육정책의 실시로 인해 발생했거나 예상되는 문제점과 한계점은 다음과 같다.

첫째, 경쟁구조 심화이다. 신자유주의 교육개혁은 교육의 본래 가치에 중점을 두기보다는 시장논리를 우선하였고, 국가경쟁력을 높인다는 목표 아래 교육기관 및 교육당사자들을 무한경쟁체제로 돌입하게 했다. 교육의 질을 높인다고 하여 학습자 개인만이 아니라 시·도 교육청, 지역 교육청 및 각급 학교별로 전국적인 준거에 의한 빈번한 평가를 한다. 그리고 평가결과에 따른 차별적 보상체제 때문에 경쟁은 더욱 치열해지고, 교육의 질적 향상과는 다른 역기능을 초래한다. 교육의 본래 목적과는 동떨어진, 평가를 위한 교육을 추구할 수밖에 없고, 신자유주의 교육이 내세우는 교육의 다양성·창의성을 보장할 수 없다.

둘째, 교육 불평등 심화 및 교육의 공공성 약화이다. 효율성을 내세워 교육재정이 감소함으로 인해 교육환경은 더욱 열악해졌으며, 학부모가 교육을 책임질 수밖에 없는 상황이 되었다. 무한경쟁으로 내몰리고 있는 교육현실 속에서 공교육의 역할은 축소되고 학부모는 사교육에 점점 의존하게 되는 교육의 사사화(私事化)가 이루어지는 것이다. 교육의 공공성 약화는 교육 불평등의 원인이 되고, 결국 계층 간 격차를 심화시킨다.

신자유주의 교육정책 결과, 교육의 공공성을 기능은 약화되고, 개인화 경향이 강화되었다. 즉 국가에서 책임지던 부분이 상당 부분 학부모 개인에게 떠넘겨졌다. 미국, 영구을 비롯하여 우리나라의 경우 교육 예산의 감소로 인해 기회균등을 위한 재정적 지원에 문제가 생길 수 있다.

공교육이 견지해야 할 공공성의 측면을 강신현(2001)은 다음과 같이 설명하고 있다.

① 인권이자 사회권의 공공성은 국가, 사회가 양질의 무상교육을 공평하게 보장해 주어야 한다는 것을 의미한다.

② 과정과 절차의 공공성은 교육의 민주화를 의미한다. 즉 교육정책과 방향, 내용에 대한 결정이 자본과 국가에 독점되어서는 안 되며, 노동자, 농민을 포함한 민중의 입장이 반영되고, 교사와 학생, 학부모 등 교육주체가 참여해야 한다는 의미이다.

③ 교육내용, 방법의 공공성은 모든 아동과 청소년의 참된 인간화를 지향하고 개발하는 교육이어야 한다는 의미이다. 우열반, 귀족학교의 분할과 같은 비인격적·비교육적 방법이나 자본과 지배세력에 편향된 교육내용이 아닌 모든 민중과 공동체의 이해와 요구에 부합되는 것이어야 함을 말한다.

그동안 공교육정책을 통해 사회계층 간에 발생하는 불평등을 해소하기 위해 교육 기회를 균등하게 보장하고, 의무교육의 실시, 저소득층 지원 등 다양한 정책을 실시해 왔지만, 교육평등을 위해서는 더 많은 노력이 요구된다. 그런데 신자유주의가 내세우는 정책은 교육에서의 불평등을 심화시키고 개인의 무한경쟁체제로 내몰고 있다.

셋째, 교육의 본질적 가치와 교사, 학생 관계의 문제이다. 교사와 학생 간의 관계를 공급자와 소비자로 보는 교육의 상품화로 인해 교육 주체들 간의 관계 또한 상품화되고, 그 속에서 인격적 만남은 기대하기 어려운 것이다. 교육은 개인의 잠재능력을 계발하고, 인간 가치의 실현을 통해 개인의 자아실현을 이루는 데 그 목적이 있다. 수준별·개인별 학습 경쟁이 심화되는 구조 속에서 교육의 본래 목적은 훼손되고 입시경쟁에서 살아남기 위한 교육, 사회적인 출세를 위한 교육이 강화될 것이다.

생각의 나무

1. 교육시장화가 공교육에 미치는 장, 단점은 무엇일지 생각해 봅시다.
2. 신자유주의 교육정책이 지역간, 학교간, 그리고 계층간 공정한 경쟁시스템을 가져올 수 있을지 생각해 봅시다.

CHAPTER

10

교육의 새로운 사회학적 패러다임

학습주제

1. 다문화교육
2. 대안학교
3. 평생교육

기쁜 일이 있으면 기뻐할 것이나, 기쁜 일이 있더라도 기뻐할 것이 없고, 슬픈 일이 있더라도 슬퍼할 것이 없느니라. 항상 마음이 광풍제월(光風霽月)과 행운유수(行雲流水)와 같은 것이니.

— 극작가 Shakespeare

앞으로 교육의 새로운 사회학적 패러다임으로 다문화교육, 대안교육, 평생교육, 홈스쿨링 등에 관심을 가져야 할 것이다. 그 이유는 우리 사회가 한 민족 중심의 사회에서 다문화 중심의 사회로 변화하고, 제도권 교육에서 제도권을 포함한 비제도권 교육이 절대 필요한 시점이며, 그리고 노인 연령 증가와 직장문화의 변화 등에 따른 평생교육 수요가 증대될 것이기 때문이다.

따라서 이 장에서는 다문화교육, 대안교육 그리고 평생교육에 대하여 살펴보기로 한다.

1 다문화교육

다문화교육에서는 다문화교육의 개념, 다문화교육의 필요성과 방향, 한국 다문화교육 및 사회적 기능에 대하여 살펴보고자 한다(강창동, 2009: 293-299; 허은주 외, 2012: 193-196).

1) 다문화교육의 개념

우리가 일반적으로 말하는 다문화교육(multicultural education)에 관한 개념은 학자에 따라, 실행하고 있는 주제에 따라 매우 다양하게 정의된다. 캠벨(Campbell)은 다문화교육이란 문화적·인종적 배경이 다른 사람들이 상호 문화적 전통을 이해하고 존중함으로써 궁극적으로 인간의 존엄성과 모든 인간의 평등성을 증진시키는 교육이라고 주장하며, 베넷(Bennett)은 다문화교육을 교수-학습에 대한 접근의 하나로 보면서 문화적으로 다양한 사회 내에서 민주적 가치와 신념에 기초하여 다문화주의를 촉진하는 일련의 교육활동으로 본다. 뱅크스(Banks, 1993)는 다문화교육이란 교육과정과 교육제도의 재구성을 핵심으로 하는 개혁운동으로 다양한 성별, 언어, 사회계층, 인종집단에 속한 사람들이 동등한 교육적 기회를 경험하도록 하는 교육기관의 변화라고 정의한다(안경식 외, 2008).

또한 뱅크스(Banks)는 다문화교육은 세 가지 핵심요소를 갖고 있다고 주장한다. 첫째, 모든 시민들에게 동등한 기회를 창출하도록 하는 것을 목적으로 하는 개혁운동이다. 둘째, 동등성, 정당성, 인원과 같은 민주주의 이상을 실천하는 목적을 갖는다. 셋째, 민주주의의 이상과 사회적 현실 사이에 항상 모순이 존재하기 때문에 끊임없이 변화와 개혁을 시도해야 한다는 것이다(Banks, 1993).

다문화교육이란 다양한 인종, 문화, 민족, 성 그리고 사회계층 간의 차이에 대한 이해와 자문화(민족) 중심주의 사고가 유발하는 편견을 극복하고 불평등을 창출하는 사회-역사적 맥락, 경제적·심리적 요인 등에 대한 이해를 통해 학생들이 자신이 속한 문화를 제대로 이해하고, 타인이 속한 문화를 인정하며, 이해하도록 돕는 교육이다.

다문화교육은 다양한 문화의 존재를 인정하는 다문화의 개념에서 출발하며, 하나의 문화는 다른 문화에 열려 있고 상호의존하고 있다는 것을 강조하는 것이다. 즉 모든 문화는 또 다른 어떤 문화의 일부분이며, 개별문화들은 또 다른 문화와 관계를 맺으면서 상호교류하고 영향을 미친다. 이를테면 내가 소유하고 있는 문화가 다양한 문화적 교류의 결과물이라는 것을 인식할 때 다른 문화에 있는 사람들의 문화도 이해할 수 있게 되는 것이다(김선미 외, 2008).

이렇듯 문화는 고정되어 있는 것이 아니다. 전수되고 학습되어 가는 과정에서 다른 문화와 접변 또는 충돌이 발생하기도 하며, 끊임없이 변화하는 생명력을 지니고 있는 것이다. 이에 따라 주류문화, 비주류문화의 경계뿐만 아니라 개인이 속한 문화적 요소들도 다양한 혼합의 과정을 거치면서 변하게 된다. 다문화교육은 서로 다른 문화 간의 상호 이해와 상호 영향에 대한 이해를 바탕으로 이루어져야 한다.

다문화교육의 크게 네 가지 관점으로 설명된다. 이를 살펴보면 다음과 같다(김선미, 김영순, 2008).

첫째, 다문화교육의 다양성과 평등성을 강조하는 교육의 개념으로 보는 것이다. 베이커(Baker, 1994)는 MCE(multicultural education), 즉 다문화교육은 다양한 문화, 가치체계, 생활방식, 언어사용 등을 지지하는 개념으로, 학교는 학생들이 인간으로서의 공통성의 바탕 위에 개개인의 다양성을 함양할 수 있는 기틀을 마련할 수 있도록 지도해야 한다는 것이다.

둘째, '과정'으로 보는 관점으로서 교육이 실행되어 나가는 과정을 중시하고 교육의 과정 속에 MCE가 실천되어야 함을 강조하는 시각이다. 페리(Perry, 1993)는 우리가 살고 있는 사회집단의 동등하고 다양한 가치를 중시하고, 지배집단으로부터 전승된 지식체계에 내포된 비지배적 집단에 대한 편견을 점검해 나가는 과정이라고 주장하였다.

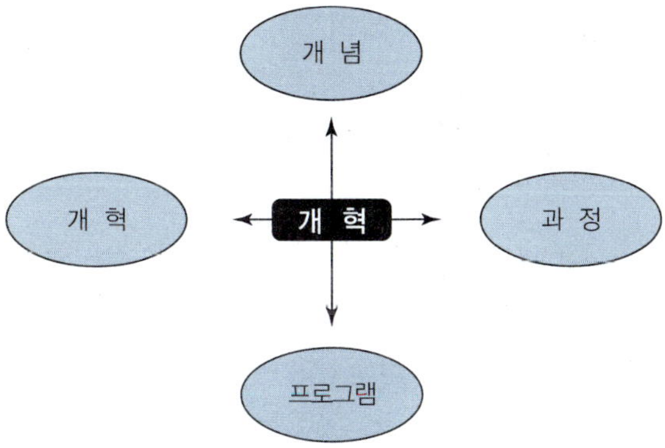

자료 출처: 김선미, 김영순(2008: 39)

〔그림 10-1〕 다문화교육의 네 가지 관점

셋째, 개혁운동을 강조하는 관점이다. 개혁운동을 강조하는 관점은 부분적으로 정치적 뿌리를 갖고 있는데, 이것은 MCE가 1960~1970년대의 시민권 운동에서부터 성장한 데서 비롯되어 교육개혁의 정치·사회적인 측면에 간접적으로 영향을 끼쳐 왔던 것이다(Banks, 1994; 1995). 또한 슬리터(Sleeter, 1989)는 다문화교육을 '억압에 대한 저항'이라고 보았으며, 데이빗먼(Davidman)은 '다양한 문화집단에 균등한 교육기회를 증가시키는 교육개혁운동을 말한다.'고 하였다(Davidman et al, 1997).

넷째, 교육과정으로서의 다문화교육을 강조하는 관점이 있다. 이는 복잡한 인간 생활과 이에 따른 다양한 문화를 학생들이 경험할 수 있도록 다양한 정치·경제·사회적 현실을 접할 수 있도록 지도해야 한다는 것이다(Katz, 1982).

캐츠(Katz)가 주장하는 다문화교육의 기능은 다음과 같다. 첫째, 다문화교육이 불평등 참여의식, 인종과 성적 차별, 권력의 불균등과 같은 문제들을 분석하고 판단하는 기술을 향상시킨다. 둘째, 가치 판단의 능력을 개발시킨다. 셋째, 다양한 문화들의 상호관련성을 이해하도록 돕는 교육 프로그램이 되어야 한다.

현재 우리나라에서 실시되고 있는 다문화교육을 살펴보면, 우선 교육 대상으로 보는 집단(결혼이민자 가정, 이주노동자 가정, 북한탈북자 가정)을 대상으로 한국사회에 대한 이해도를 높이고, 자신들의 문화적 정체성을 돕는 교육을 다문화교육으로 보고 있는 실정이다. 이는 문화적 다양성을 이해하는 교육으로 보고 있으나, 사실상 다문화교육과는 거리가 있다. 현실적으로 우리 사회에서 다문화교육의 현실은 문화 소수 집단을 대상으로 한국 사회 적응교육이나 정체성 교육을, 문화 다수자 집단을 대상으로 소수자 문화에 대한 이해교육을 주로 다루고 있는 실정이다.

2) 다문화교육의 필요성과 방향

(1) 다문화교육의 필요성

우리 사회가 다문화교육을 강조하게 되는 배경에는 다음과 같은 사실들과 밀접한 관계가 있다. 이를 살펴보면 다음과 같다(김선미, 2009).

첫째, 오늘날의 사회를 지배하는 거대 담론의 전통적인 산업사회에서 강조되었던 절대주의적 패러다임에서 다원주의적인 패러다임으로 옮아가고 있으며, 다원주의적인 시각이 우리 사회를 지배하고 설득력을 얻고 있는 시대라는 점을 들 수 있다.

둘째, 전 세계적으로 국제적 교류가 더욱 빈번해지고 정보사회의 전개 양상에 따라 인터넷 등을 통해 전 지구 차원의 모든 사건들이 시공을 초월하여 넘나들며 공유되고 있으며, 이에 따라 다양한 문화 간 접촉이 급증하게 되는 시대이다.

셋째, 우리나라의 인구구성의 급격한 질적 변화가 예고되고 있다. 우리나라도 고령화사회로의 진입이 빠른 국가 중 하나이며, 동시에 현재 OECD 국가 중 최저 수준의 출산율을 나타내고 있다. 또한 경제활동에 종사하는 인구는 줄어들고, 부양인구는 많아지는 형상이 나타나고 있으며, 국내에는 외국인 경제활동인구의 유입과 함께 농촌 총각의 국제결혼 등으로 다문화가정이 증가하고, 이러한 이유로 다문화교육의 필요성이 더욱 강조되고 있다.

(2) 다문화교육의 방향

현재 실시되고 있는 다문화교육은 여러 면에서 부족한 부분이 있다. 이런 부족한 부분을 중심으로 다문화교육의 방향을 살펴보면 다음과 같다(김선미, 2009).

첫째, 다문화교육의 내용에 대한 문제이다. 현재의 다문화교육은 다문화가정 자녀와 다문화가정 외국인의 언어문제 해결, 한국 문화와 풍속 등을 이해시키는 데 중점을 두고 있다. 이것은 외국인이 한국 사회의 일원으로 생활하기 위해 필요한 지원인 것이며, 이것만으로는 다문화교육이 이루어진 것으로 보기 어렵다. 다문화교육은 다양한 문화의 공존과 차이 인정, 상호존중의 태도, 나와 다른 것에 대한 관용의 자세 등에 대한 가치와 태도교육이 필수적으로 이루어져야 한다.

둘째, 우리나라의 다문화교육은 인종적·민족적 다름에서 오는 문화적 차이만을 떼어놓고 실시하는 경향이 있다. 외국인 부모를 둔 아이들만을 분리하여 이들만을 위한 언어와 문화교육만을 제공하게 되면 학생들 사이에 인종적인 반목과 거리감을 높이는 부작용을 낳기 쉽다. 그렇기 때문에 다문화의 차이와 유사점을 이해할 수 있도록 도와주는 방향의 교육이 필요하다. 다문화적 차이와 유사점의 이해는 민족적인 차이에 바탕을 둔 집단에만 적용하는 것이 아니라 성별, 직업, 종교, 서로 다른 관심과 능력의 차이 등에 바탕을 둔 문화적 차이를 통해서도 이루어져야 한다.

셋째, 다문화교육은 다문화적인 태도, 정의적 특성을 위한 교육 자체만을 목적으로 교육 프로그램을 운영하거나 언어 문화교육 등을 통해서 다문화교육을 실행할 수 있지만, 무엇보다도 다문화교육이 모든 교과목에 접목되어 이루어져야 한다.

넷째, 다문화교육의 대상에 대한 문제이다. 현재의 다문화교육은 다문화가정 자녀와 외국인을 중심으로 실시되고 있으며, 학부모, 다수자 학생, 일반인을 위한 다문화교육으로 대상들을 구분하여 각각의 대상들에게 적합한 다문화교육을 보조적으로 실시하는 것이 일반적이다. 다문화교육은 편견이 존재하는 사회적 구성원 모두에게 이루어져야 한다. 한 사회가 이상적인 다문화사회, 즉 다양한 문화집단의 사람들이 공존하고 상호 존중하기 위해서는 다문화교육의 대상은 그 사회의 소수자가 아니라 편견 있는 시선으로 이들을 바라보는 주류 문화집단에 속해 있는 사람들인 것이다. 편견을 가진 사람들이 변화해야 그 사회의 편견이 없어지는 것이다.

3) 한국 다문화사회와 교육의 과제

한국의 다문화는 1990년대 중반을 계기로 다양하고 급속하게 형성됐다. 한국 다문화의 형성요인은 매우 다양하다. 정보통신과 교통수단의 발달로 인한 단일 지구촌의 형성, 고등교육 인구의 증가와 3D(difficult, dirty, dangerous) 직종의 기피로 인한 노동인구의 부족, 경제성장으로 인한 산업연수생의 확대, 농어촌 총각의 국제결혼, 북한 이탈주민의 대량 유입, 재외 한국인 동포의 급증이 한국을 다문화사회로 이끌었다.

통계청의 외국인 등록 인구수를 보면, 1996년은 167,664명, 2001년은 267,630명, 2006년은 632,490명, 2007년은 765,429명, 2008년은 854,007명이 체류하고 있는 것으로 나타났다. 이를 통해 2000년을 전후하여 인구수가 급속히 증가하는 것을 볼 수 있다. 실제 외국인 체류인구를 살펴보면 1990년은 49,507명, 1995년은 269,641명, 2000년은 591,324명, 2005년은 747,467명, 2006년은 910,149명, 2007년은 1,066,273명, 2011년은 약 126만명에 이르고 있다.

특히 2011년에는 한국사회가 외국인 체류인구 100만명 시대를 기록했고, 전체 인구 대비 2.28%를 점유하고 있어 확실히 다문화사회로 정착하고 있다고 할 수 있다. 한국의 다문화유형은 국제결혼, 외국인 근로자, 새터민 가정, 중국 동포 등으로 구분할 수 있다. 각각의 다문화는 그 특성이 매우 상이하여, 일괄적으로 특정문화로 통합하기에는 많은 어려움이 있다. 무엇보다 국제결혼은 다양한 인종과 국가로 인해 문화적 이질성이 더욱 심각하다.

한국의 다문화사회화가 급속히 진행되면서 그에 따른 문제점도 많이 나타났다. 그동안 한국사회는 단일민족 혈통을 기반으로 한 폐쇄적 문화를 유지해 왔었다. 외국인을 위시한 다문화적 경험이 없었기 때문에 이들을 배려할 수 있는 다양한 정책적 지원이 부족한 것도 사실이었다.

그러나 정부, 학계, 교육계, 언론계 등의 적극적 관심으로 인해 과거보다 다문화에 대한 인식이 많이 고양되고, 특히 학교교육을 중심으로 다문화가정을 배려하기 위한 다양한 지원을 실시하고 있다. 그러나 아직도 많이 부족한 것이 사실인데, 그 이유는 다문화가정이 급속하게 증가하면서 그에 따른 다문화가정 자녀의 취학율도 높게 나타나고 있기 때문이다.

교육과학기술부(2007)의 국제결혼가정 자녀와 외국인근로자 자녀의 재학현황에 따르면, 2005년은 6,121명과 1,591명, 2006년은 7,998명과 1,391명, 2007년은 13,445명과 1,209명, 2008년은 18,769명과 1,402명으로 증가세를 나타내고 있다. 특히 국제결혼가정 자녀의 재학현황은 2005년을 기준으로 2008년에는 거의 3배 가까운 증가세를 보여주고 있다. 이러한 다문화 학생의 증가세에도 불구하고, 그들은 언어적응, 학교적응, 학습적응 등에서 많은 문제를 보이고 있으며, 이를 해결하기 위해 정부와 언론계, 교육계는 다양한 인적, 물적, 행·재정적 지원을 강구하고 있으나, 다문화 학생의 원활한 교육적 적응이 이루어지지 못하고 있다.

물론 과거보다 다문화에 대한 인식이 확산되면서 많은 점에서 좋아지고는 있다. 하지만 아직도 이해 부족과 지원체제의 미비로, 다문화 학생들은 문화적 이질감을 느끼고 한국사회에 동화되지 못하고 있는 실정이다. 다문화교육이 관련기관과 단체들의 더욱 적극적인 관심과 실천이 요구된다. 이에 교육과학기술부(2012)는 <다문화학생 교육 선진화방안>을 제시한 바 있다. 한국 다문화사회의 교육과제는 다음과 같다.

첫째, 다문화사회에 대비하기 위해 교육의 사회 통합적 기능이 강조되어야 한다. 한국의 다문화사회는 급속하게 확대되고 있다. 한국에서도 다문화사회는 부인할 수 없는 현실적인 문제이며, 조만간 다문화로 인한 이질성의 충돌이 예상된다. 다양한 문화적 차이는 사회갈등을 유발하고 사회통합을 저해할 수 있다. 따라서 다문화교육을 통해 다문화의 이질적 차이를 극복하고, 상호 배려와 인식의 통합이 이루어져야 한다.

둘째, 다문화 학생의 교육 기회균등에 대한 심층적 고려가 있어야 한다. 다문화 학생은 한국 학생에 비해 교육적으로 평등하지 못한 위치에 있다. 언어문제와 문화적 차이 등으로 학교생활과 학습적응에 많은 어려움을 가지고 있다. 물론 한국의 다문화교육은 인종, 종교, 지역의 차이에 따른 제도적 차별이 비교적 많이 나아지고 있는 편이나. 이 점에서 보면 한국의 다문화교육은 허용적 평등관을 수용하고 있다. 하지만 경제적 차이로 인한 교육기회의 보장인 보장적 평등관, 학교시설, 교과과정, 교사의 질 등을 고려한 조건의 평등관, 그리고 균등한 학업성취 수준을 고려한 교육결과의 평등관에 상당한 문제가 나타날 수밖에 없다. 따라서 다문화 학생을 위한 교육에 대한 심층적 배려가 필요하다.

셋째, 다문화교육을 통해 사회문화적 이질성을 극복해야 한다. 한국은 오랫동안 단일민족이라는 혈통적 배타성을 지녀 왔다. 이러한 배타성은 다문화사회에 대한 이해의 부족을 초래할 수 있다. 다문화교육은 단일민족에 의한 동화교육이 아니므로, 소수문화에 대한 차이를 인정하는 사회적 존중과 배려가 필요하다. 그리고 다문화 학생뿐만 아니라 국내의 학생들에게 문화적·인종적 편견을 해소할 수 있는 반편견 교육을 실시하여 사회문화적인 이질적 차이를 극복해야 한다(강창동, 2008).

2 대안학교

대안학교에서는 대안교육의 개념, 국내 대안학교의 분류, 최근 대안학교의 현황, 우리나라 대안학교의 전망과 과제에 대하여 살펴보고자 한다(주동범 외, 2013: 124-126; 허은주 외, 2012: 300-303).

1) 대안교육의 개념

흔히 대안교육(alternative education), 대안학교(alternative school)라고 부른 운동은 대체로 1960년대와 1970년대 이래 아메리카 대륙과 유럽에서 공교육을 둘러싸고 일어난 학교 존립에 관한 생산적 논의에서 출발하였다. 1970년대를 전후하여 국가 주도의 공교육 속에 숨어 있는 이데올로기에 대한 성찰이 일어나면서 프리스쿨(free school) 운동이 본격화되었다(강재태 외 2007).

미국의 자유학교(free school) 운동, 홈스쿨링(home schooling), 차트 스쿨(chart school) 등이 그 사례이며, 우리나라에서는 1990년대에 들어와서 구체적인 대안을 찾으려는 노력이 이루어졌다.

'대안'이라 함은 기존의 법과 제도, 질서를 모두 무시하는 새로운 생각이 아니라 기존의 모든 제도와 법, 질서를 인정하면서도 그 안에서 새로운 제도와 법, 질서를 찾는 것을 말한다. 대안교육은 성적 지상주의에서 바탕을 둔 경쟁적이고 비인간적인 기존의 학교교육에서 벗어나 개인적인 가치와 사회적인 가치가 존중되는 '공동체적 사회를 실현하는 것'을 교육목적으로 하는 새로운 교육실천운동이라 할 수 있다. 대안교육운동과 대안학교를 개념적으로 정리해 보면, 고병헌(1997)은 독일의 '자유대안학교' 운동의 대안적이란 말과는 근본적인 차이가 있음을 지적하면서 한국의 대안교육운동은 다양한 부문의 운동 가운데서 교육에 초점을 맞춘 '교육운동'이라고 보았다.

이러한 대안교육운동은 첫째로, 기존의 학교에 기초하고 있는 인간관, 사회관, 세계관, 자연관에 근본적인 문제를 제기하고, 미래에 대한 새로운 '대안적' 가치를 선택하는 적극적인 의미를 내포하고 있으며, 둘째로 대안교육운동은 현실 변화적 성격을 띠는 운동이어야 하며, 셋째로 교사와 학생 간의 실존적 만남을 통해서만이 가능한 책임감이 요구되는 '교육운동'이라고 하였다.

2) 국내 대안학교의 분류

대안학교의 모습은 근대적 국민교육 체계의 학교와는 달리 매우 다양하다. 그러나 현재의 대안학교들은 크게 두 가지 유형으로 나누어질 수 있다.

첫째, '학교 형태'를 갖춘 대안학교이다. 이는 간디학교나 이우학교처럼 학생 수가 백 명이 넘고, 기존의 학교 형태를 그대로 갖추고 있지만, 학습 원리에 있어서는 경쟁과 입시 위주가 아닌 상생과 협력을 중시하는 방향으로 전환하고 있는 학교이다. 이 학교들의 재정은 부모들과 시민사회의 지원으로만 이루어지기 때문에 학생 부담금이 많아지게 되는데, 이로 인해 학생 다수가 비교적 안정된 가정 출신으로 이루어지며, 대다수가 대학 진학의 경로를 밟는다.

둘째, 가정형편과 관련 없이 기존 학교체제에 적응하지 못하는 학생들이 만들어내는 공간이다. 이런 학교에서는 다양한 부적응아들로 하여금 스스로 자신의 길을 찾아가도록 돕는다. 많은 아이들을 정해진 규칙에 따라 한꺼번에 교육시키려 하기보다는 개인별 상황을 고려한 교육을 실시한다. 그러다 보니 학교의 규모나 학생 수가 기본적으로 적을 수밖에 없으며 실험적 형태의 학습을 띠게 할 수밖에 없다.

또한 대안학교는 제도권과의 관련 정도, 성격, 운영 형태에 따라 분류할 수 있다.

(1) 제도권과의 관련 정도에 따른 대안학교 분류

〈표 10-1〉 제도권과의 관련 정도에 따른 분류

구분	내용	학교
제도교육의 틀 속	• 교육과정 운영이나 학교 운영에서 국가의 통제를 받는 공·사립학교	• 푸른꿈고등학교, 한빛고등학교, 간디학교, 영산성지고등학교, 경주화랑고등학교 등 특성화 고등학교
제도교육의 틀 곁	• 정규학교는 아니지만 학력인정 고등학교와 같은 형태	• 풀무농업고등기술학교, 실상사 작은학교
제도교육의 틀 밖	• 제도교육과 무관하게 이루어지는 자유로운 형태의 대안교육	• 홈스쿨링(가정학교), 들꽃피는 학교, 간디 청소년학교, 각종 공부방

자료 출처 : 이병환, 김영순(2008)

(2) 성격에 따른 분류

〈표 10-2〉 성격에 따른 분류

구분	국외의 경우	국내의 경우	특징
자유학교형 대안학교	서머힐(영국) 자유대안학교(독일) 기노쿠니학교(일본)	영산성지 고등학교	• 1970년대 미국, 독일 등지에서 등장한 이후 꾸준히 증가하고 있는 것으로, 학교 설립의 주된 동기는 종래의 학교교육이 지나치게 아동을 통제, 억압하며, 교사 중심의 교육이 이루어지고 있음을 비판하고, 아동의 무한한 잠재 가능성에 대한 굳은 신념을 기초로 하는 교육을 실천하고자 한다.
생태학교형 대안학교	하트랜드의 작은학교(영국)	간디학교	• 이 학교는 마을 안에서 소규모의 학생들을 대상으로 지식교육뿐만 아니라 의식주에 관련된 기본적인 활동 내용을 교육내용으로 삼고, 마을의 다양한 생산자가 교사로 봉사하는 것으로 유명하다. 주로 생태와 노작, 지역사회와 학교의 결합을 중시한다.
고유이념형 대안학교	발도르프 학교	풀무농업 고등기술학교	• 독특한 교육이념과 방식을 바탕으로 대안교육을 실천한다. 풀무학교의 경우 기독교 신앙을 바탕으로 지역사회와 일체화된 교육을 진행한다.
재적응형 대안학교	생활학교(일본) 서머힐(영국)	영산성지 고등학교, 경주 화랑 고등학교	• 주로 일반 학교에서 중도탈락한 학생을 대상으로 하며, 교사의 헌신적인 노력이 요구된다.

자료 출처 : 이병환, 김영순(2008)

고등학교 과정의 대안학교를 구분하여 전인교육형 대안학교와 재적응형 대안학교의 차이점을 살펴보면 다음과 같다.

〈표 10-3〉 전인교육형 대안학교와 재적응형 대안학교의 비교

구분	전인교육형 대안학교	재적응형 대안학교
지향점	• 인간 상호 간 협력과 편등을 강조하는 공동체적 가치를 중시 • 인간과 자연친화적 생명존중사상 또는 생태주의에 기반 • 일과 놀이, 학습의 구분이 없는 노작을 중시하고 친밀한 인간관계를 형성하기 위하여 작은 학교를 지향	• 일반학교에 적응하지 못해 가출하거나 중도탈락한 학생을 복교시켜 정서순화와 바람직한 인격형성을 도모 • 윤리적, 가치론적 인간관을 바탕으로 한 원만한 인간관계 형성을 중시 • 지식교과 위주의 교육보다 자연친화적이고 생명가치를 중시
학교명	• 풀무원학교, 간디학교, 한빛고등학교, 푸른꿈 고등학교	• 영산성지고등학교, 원경고등학교, 경주화랑고등학교, 양업고등학교

자료 출처 : 이병환, 김영순(2008)

(3) 운영 형태에 따른 대안학교 분류

대안교육이 이루어지는 형식에 따른 분류는 정규학교형 대안학교(특성화 중·고등학교), 미인가(실험형) 상설학교, 계절형 프로그램, 방과 후 프로그램, 홈스쿨링으로 분류할 수 있다. 여기에서 정규 학교형 대안학교(특성화 중·고등학교)는 일반학교와 같은 형태로 운영되는 형태로서 대안학교의 가장 대표적인 형태이다. 1998년 2월 초·중등교육법 시행령에 특정 분야의 인재양성(직업분야) 또는 체험 위주 교육(인성교육)을 할 수 있는 특성화 고등학교를 둘 수 있도록 규정함으로써 법제화 되었다.

특성화 학교 제도는 미국의 마그넷 스쿨(magnet school)을 모델로 해서 만든 것으로 일반학교에 비해 학교의 자율성을 상당히 보장하고 있다. 2007년 기준으로 29개의 특성화 고등학교가 운영되고 있다.

3) 최근 대안학교의 현황

1996년 말에 교육부가 학교 중도탈락자 종합대책의 일환으로 학교 부적응학생을

위한 대안학교 설립계획을 발표하면서 대안교육이 새로운 교육실천 사례로 주목받기 시작하였다(이종각, 2005). 2013년 6월 기준 제도권에 편입된 대안학교 현황은 각종 학교로서의 대안학교가 19개교, 대안교육 특성화중학교가 11개교, 대안교육 특성화고등학교가 24개교로 모두 54개교이다(교육부, 2013). 2013년 6월 기준 구체적인 대안학교 현황은 다음과 같다.

〈표 10-4〉 대안학교 현황

구분	지역	학교명(과정)	설립구분	설립연도
대안학교 (각종학교) (19곳)	서울	서울실용음악학교(고)	사립	'09
		여명학교(고)	사립	'10
		지구촌학교(초)	사립	'12
		서울다솜학교(고)	공립	'12
	인천	인천청담학교(고)	사립	'11
		인천해밀학교(중·고 통합)	공립	'12
		인천한누리학교(초·중·고 통합)	공립	'13
	대전	그라시아스 음악학교(고)	사립	'12
		요재미학교(초)	사립	'13
	경기	은혜학교(중·고 통합)	사립	'11
		화요일아침예술학교(고)	사립	'11
		쉐마기독학교(초·중·고 통합)	사립	'11
		TLBU 글로벌학교(초·중 통합)	사립	'08
		경기새울학교(중)	공립	'13
	충북	글로벌선진학교(중·고 통합)	사립	'11
		한국폴리텍다솜학교(고)	사립	'12
	충남	여해학교(중)	공립	'13
	경북	한동글로벌학교(초·중·고 통합)	사립	'11
		글로벌 선진학교 문경캠퍼스(중·고 통합)	사립	'13
대안교육 특성화 중학교 (11곳)	경기	두레자연학교	사립	'03
		이우중학교	사립	'03
		헌산중학교	사립	'03
		중아기독중학교	사립	'06
		한겨레중학교	사립	'06

구분	지역	학교명(과정)	설립구분	설립연도
대안교육 특성화 중학교 (11곳)	강원	팔렬중학교	사립	'11
	전북	전북동화중학교	공립	'09
		지평선중학교	사립	'02
	전남	용정중학교	사립	'03
		성지송학중학교	사립	'02
		청람중학교	공립	'13
대안교육 특성화 고등학교 (24곳)	부산	지구촌고	사립	'02
	대구	달구벌고	사립	'03
	인천	산마을고	사립	'00
	광주	동명고	사립	'99
	경기	두레자연고	공립	'99
		경기대명고	사립	'02
		이우고	사립	'03
		한겨레고	사립	'06
	강원	전인고	사립	'05
		팔렬고	사립	'06
	충남	한마음고	사립	'03
		공동체비전고	사립	'03
	충북	양업고	사립	'98
	전북	세인고	사립	'99
		푸른꿈고	사립	'99
		지평선고	사립	'09
	전남	영산성지고	사립	'98
		한빛고	사립	'98
		한울고	공립	'12
	경북	경주화랑고	사립	'98
	경남	간디고	사립	'98
		원경고	사립	'98
		지리산고	사립	'04
		태봉고	공립	'10

자료 출처 : 이병환, 김영순(2008)

4) 우리나라 대안교육의 전망과 과제

대안학교는 근본적으로 새로운 인간관에 기초하여 기존 제도 자체에 대한 근본적인 성찰에서 비롯되었다. 뿐만 아니라 대안교육 운동은 학교교육에 대한 단순한 비판에 머물지 않고 학교교육에 대한 적극적인 대안을 가지고 나아가고 있다. 앞으로 한국의 대안교육운동이 한 걸음 더 질적으로 발전하기 위해서는 다음과 같은 과제를 해결해야 한다(고병헌, 1997).

첫째, 교사들의 현실인식 부족과 미래에 대한 공유된 전망 부재의 극복이다. 예컨대, 과연 '공동체적인 삶', '가치로운 삶'의 내용이 어떠해야 하는가, 또 그러한 삶을 사는 방식은 어떠해야 하는가에 대해 교사들 사이에 공감대가 형성되어 있는가 하는 문제이다.

둘째, 대안학교를 위한 교육과정을 개발하는 것이다, 대안학교의 교육과정에는 환경교육, 평화교육, 인권교육, 공존교육처럼 공동체 사회를 건설하는 데 필요한 가치관, 자세, 태도 등을 형성하는 교육내용을 포함해야 한다.

셋째, 대안교육의 가치와 이념이 녹아 있는 대안교육 방식의 개발이 시급하다. 이제 대안교육 운동은 '여흥 같은 교육', '다채로운 학교생활', '친절한 학교', '자연에서 하는 교육' 등의 인상을 뛰어 넘어 제도교육에 대해서 제기했던 근본적인 물음, 즉 '교육은 무엇이어야 하며, 그러한 교육이념을 실현하기 위해 무엇을 어떻게 가르쳐야 하는가?' 하는 질문을 본격적으로 시도해야 할 것이다.

넷째, 교사교육을 위한 프로그램개발 또한 시급하다. 대안교육의 이념을 충분히 실현하려면 무엇보다도 교사들로부터 개인적 차원에서 지역적·국가적·세계적·생태적 차원에 이르기까지 균형 잡힌 식견을 갖추고, 그에 걸맞은 가치관과 삶의 태도를 견지할 수 있는 교사를 양성해야 한다.

다섯째, 대안교육의 실천이 좀 더 다양해질 필요가 있다. 교육이념에서부터 교육방식, 교사모집 방법, 학교운영, 학교 건물이나 건축양식에 이르기까지 질적으로 분명한 차이를 보이는 다양한 교육실천들이 모색되어야 대안교육 운동이 건강하게 발전할 수 있을 것이다.

3 평생교육

평생교육에서는 평생교육의 의미, 한국의 평생교육의 체제 및 정책, 평생교육의 과제에 대하여 살펴보고자 한다(김병희 외, 2009; 주동범 외, 2013: 168-169; 허은주 외, 2012: 345-352).

1) 평생교육의 의미

인간의 행동은 반드시 어떠한 형식이든 학습을 통해서 알게 되고, 습관화되고, 타인에게 전달된다. 과거에 이런 학습은 대부분 가정에서 이루어졌다. 그러나 사회가 복잡해지고 가정에서 다룰 수 없는 수많은 지식과 기술이 나타나자, 학습의 주체는 자연스럽게 학교라는 공식기관으로 이양되었다. 현대사회에서 학교교육의 중요성은 누구나 공감하고, 그 필요성을 인정한다. 또한 학교는 지속적인 사회발전과 개인의 성취에 결정적 역할을 했다. 그러나 미래의 사회는 더 이상 현재와 같은 학교형태로는 그 변화의 속도를 따라갈 수 없다. 왜냐하면 미래사회는 예측하기 어려운 불확실성의 사회이고, 지식의 폭발 시대이며, 한 가지가 아닌 여러 가치관들이 동시에 발생하는 불완전한 사회이기 때문이다. 그러므로 19세기 교실에서, 20세기 교사가 21세기 학생들을 가르친다는 말은 학교의 더디고 변화하지 않는 모습을 적절하게 비유한 말이다. 이러한 사회적 요구에 부응하고 교육의 본래 의미를 되찾기 위해서 평생교육이 새롭게 부각되고 있다.

평생교육이란 용어는 랭그랑(Lengrand, 1975)에 의해서 처음 사용되었다. 그는 "평생교육은 개인이 태어났을 때부터 죽을 때까지의 생애에 걸치는 교육(수직적 혹은 시간적 차원)과 개인 및 사회 전체의 교육(수평적 혹은 공간적 차원)의 통합"이라고 정의했다. 그리고 데이브(Dave, 1976)는 "개인적, 사회적 삶의 질을 향상시키기 위하여 평생토록 이루어지는 모든 형태의 형식적, 비형식적, 무형식적 학습활동"이라고 정의하였다. 또한 UNESCO 한국위원회(1978)는 "평생을 통한 계속적인 교육을 의미하며 급변하는 현대사회에 있어서, 일정 연령층을 대상으로 학교교육과 그 외의 제반 교육자원을 효율화함으로써 교육역량의 극대화를 지향하는 총체적 노력"이라고 규정하였다. 이런 정의에서 보는 것처럼, 랭그랑(Lengrand)은 시간과 공간을 모두 차지하는 교육의 외면적 요소들을 강조한 반면에, 데이브(Dave)는 삶의 질을 중시하여 교육의 내적인 요소들을 강조하였다.

그러나 평생교육의 개념 규정에 앞서서 글자 자체의 의미를 살펴보면 개념을 쉽게 이해할 수 있다. 즉 '평생'과 '교육'이란 글자를 상식적인 수준에서 생각해 보면, 평생의 뜻은 사람이 태어나서 죽을 때까지의 시간을 말하며, 교육이란 배우고 가르치는 행위를 의미한다. 그러므로 평생교육은 글자 그대로 평생의 교육으로, 평생이란 단어가 교육을 수기하는 형태로 풀이된다. 일반적으로 낱말 간의 수식은 두 가지 기능을 한다. 첫째는 '특수교육'처럼 어떤 특정 학생들을 다루기 위해서 특별히 만들어진 교육을 뜻하는 것이다. 둘째는 '참교육'처럼 교육이란 원래 참된 것이지만, 요즘같이 그릇된 교육이 판을 치는 마당에 교육의 본래 의미를 되찾자는 의미로 사용된 경우이다.

평생교육은 후자의 의미가 강하다. 즉 교육은 원래 평생에 걸쳐 이루어져야 마땅한 것이지만, 지나치게 학교만을 교육의 장면으로 인식하고 있는 오류를 바로잡기 위해서 만들어진 말로서, 교육의 특성을 부각시키기 위해 생겨난 말이라고 볼 수 있다. 이를테면 평생교육이라고 할 때의 '평생'이라는 말은 확장적이고 포괄적 의미를 표현하는 수식어로서 '교육'은 학교 이외에도 다양한 종류가 있으며 삶의 수식어라고 할 수 있다(한숭희, 2006).

이런 평생교육의 개념은 다음의 다섯 가지 요소가 포함된 의미로 요약할 수 있다. 첫째는 교육개념의 광역성과 통합성이다. 학교교육이 교육의 전부라는 협소한 생각에서 벗어나서 어떠한 방법이나 형식의 교육이라도 가치롭다는 인식이 실질적으로 확산되어야 함을 의미한다. 둘째는 교육시기의 계속성과 항상성이다. 교육의 시기가 태어나서 죽을 때까지의 전 생애주기에 걸쳐 지속적으로 중시되어야 함을 의미한다. 셋째는 교육대상의 평등성과 전체성이다. 지금까지 교육의 대상이 소수 특권집단에 한정되었다면, 여기에서 벗어나서 교육적으로 손해를 보는 가난한 학생들이나 문화적으로 결핍된 학생들에게 관심을 갖고 교육기회를 확산하는 것을 의미한다. 넷째는 교육접근방식의 다양성과 상대성이다. 교사중심의 획일적인 교육방식에서 탈피하여 다양한 형식의 학습방법과 자율적인 수업내용을 중시함을 의미한다. 다섯째는 교육체제의 개방성과 탈정형성이다. 기존의 학교제도가 가지고 있는 경직성을 벗어나서 각 교육체제 간의 상호 유기적이고 개방적인 체제를 이룩함을 의미한다(권이종 외, 2001).

교육이 평생토록 계속된다는 주장은 당연하고 모든 사람들이 쉽게 인정한다. 따라서 평생교육은 누구나, 언제나, 어디서나, 어떠한 제한도 받지 않고 원하는 교육을 받을 수 있는 교육체제라고 할 수 있다. 이처럼 평생교육은 우리가 주위에서 흔히 만나는 사람들의 이야기나 경험 등을 모두 포함하고 고려하여야 한다. 따라서 평생교육은 개인의 삶의 질 향상과 자아실현을 통해서 궁극적으로 사회의 발전과 평생학습사회의 구축을 지원하고자 한다(김병희 외, 2009: 267-269).

2) 한국의 평생교육 체제 및 정책

(1) 평생교육법

우리나라에서 평생교육법이 교육법의 위계에 들어온 것은 1999년이다. 사회교육법이 1999년 8월 31일 평생교육법으로 변경되어 공포되었다. 그러나 1982년 12월 31일에 공포된 사회교육법과 1999년에 공포된 평생교육법은 사회교육과 평생교육을 동의어로 보고 있다고 할 수 있다. 두 법 조항은 다음과 같다.

사회교육법 제2조 1항

"사회교육"이라 함은 다른 법률에 의한 학교교육을 제외하고 국민의 평생교육을 위한 모든 형대의 조직적인 교육활동을 말한다.

평생교육법 제2조 1항

"평생교육"이라 함은 학교교육을 제외한 모든 형대의 조직적인 교육활동을 말한다.

살펴본 바와 같이 1999년 공포된 평생교육법은 사회교육법과 똑같은 정의를 내리고 있다. 그 후 2007년 12월 4일 개정된 평생교육법은 평생교육을 다음과 같이 정의한다.

평생교육법 제2조 1항

“평생교육”이란 학교의 정규교육과정을 제외한 학력보완교육, 성인 기초·문자해독교육, 직업능력 향상교육, 인문교양교육, 문화예술교육, 시민참여교육 등을 포함하는 모든 형태의 조직적인 교육활동을 말한다.

2007년 정의는 1999년 평생교육법의 정의보다 진일보한 것으로 여겨지지만 여전히 학교의 정규교육과정을 제외하고 있다. 기존의 교육법은 주로 학교교육만을 관장하여 교육모법으로서의 한계를 갖고 있었으나, 이를 해결하기 위하여 교육기본법을 제정하고, 기존의 교육법은 유아교육법, 초·중등교육법, 고등교육법으로 나누고, 사회교육법을 평생교육법으로 대체함으로써 교육 관련법을 정비하였다.

헌법 제31조

제1항 : 모든 국민은 능력에 따라 균등하게 교육을 받을 권리를 가진다.
제5항 : 국가는 평생교육을 진흥하여야 한다.

교육기본법 제3조

모든 국민은 평생에 걸쳐 학습하고, 능력과 적성에 따라 교육받을 권리를 가진다.

평생교육법은 제2조 평생교육에 대한 정의 및 제4조 평생교육의 이념, 제15조 평생학습도시, 제24조 평생교육사, 제30조 학교 부설 평생교육시설, 제32조 사내대학 형태의 교육시설, 제33조 원격대학 형태의 평생교육시설 등의 내용을 담고 있다.

(2) 평생교육사

평생교육사는 ‘사회교육자’, ‘사회교육지도자’, ‘성인교육자’, ‘사회교육종사자’, ‘교육실무자’ 등 다양한 용어로 불려 왔으나, 평생교육에 대한 관심이 높아지고 전문성에 대한 국자적인 인증이 필요해짐에 따라 평생교육종사자 중 일정한 자격을 취득한 사람들을 ‘사회교육전문요원’이라는 이름으로 불리게 되었다. 그 후 1999년 개정·시행된 평생교육법에 따라 ‘평생교육사’라는 이름으로 개정되었다.

평생교육법 제26조(평생교육사의 배치 및 채용)

① 평생교육기관에는 제24조 제1항에 따른 평생교육사를 배치하여야 한다.
② 「유아교육법」, 「초·중등교육법」 및 「고등교육법」에 따른 유치원 및 학교의 장은 평생교육 프로그램을 운영함에 있어서 필요한 경우에 평생교육사를 채용할 수 있다.
③ 제20조에 따른 시·도 평생교육진흥원 및 제21조에 따른 시·군·구 평생학습관에 평생교육사를 배치하여야 한다.
④ 제1항부터 제3항까지의 규정에 따른 평생교육사의 배치 대상기관 및 배치 기준은 대통령령으로 정한다.

평생교육기관은 평생교육사를 배치하여야 하며, 평생교육사는 평생교육의 기획·진행·분석·평가 및 교수업무를 수행한다.

(3) 평생교육시설

평생교육법에 준한 평생교육시설은 학교부설 평생교육시설과 사내대학 형태의 평생교육시설, 원격교육형태의 평생교육시설, 사업장부설 기관, 시민사회단체부설, 학교부설, 언론기관부설 등이 있다.

학교부설 평생교육시설은 예전의 공민학교 등에서 볼 수 있었던 것으로 학교교육의 기회를 갖지 못한 사람들을 위해 학교와 유사하게 운영되었지만, 국가인정의 학력을 받을 수 없었다. 하지만 최근의 정책으로 학교형태의 평생교육시설에서의 교육결과에 대해 일정한 인증절차를 밟아 학력을 인정하는 방안이 강구되고 있다. 엄밀히 말하면 이러한 교육은 공교육과 대등한 내용과 형식을 갖추고 있기 때문에 학교에 대한 국가공부담 교육비 지원과 동등한 재정 지원이 따라야 하는 것이지만, 현재로는 방치되어 있는 상태라고 할 수 있다.

사내대학이나 원격대학 형태의 평생교육 시설의 경우 과거에는 민간기업이나 교육서비스 사업주체들이 운영하던 곳으로서 국가공인 학위를 수여할 수 없었지만, 동법은 그것을 가능하게 하는 조항들을 담고 있다. 즉 고등교육법이 규정하는 학교(대학)와 동등한 학력과 학위가 인정되는 대안체제의 고등교육기관들로 고등교육법이 아닌 평생교육법에 의하여 법적으로 보장된 것이다.

우리나라에서도 1991년부터 사내대학이라는 형태의 교육이 운영되고 있다. 기술대학은 1996년 교육법의 개정으로 제도화되어 1996년에 정석대학이 개교하였으며,

사내대학은 1999년 평생교육법의 제정으로 제도화되어 2001년 3월에 국내 최초 사내대학인 삼성전자 공과대학(구, 삼성반도체 공과대학)이 디지털대학 40명, 디스플레이공학 25명으로 그 첫발을 내디뎠다(한숭희, 2004).

평생교육법 제32조(사내대학형태의 평생교육시설)

① 대통령령으로 정하는 규모 이상의 사업장(공동으로 참여하는 사업장도 포함한다)의 경영자는 교육부장관의 인가를 받아 전문대학 또는 대학졸업자와 동등한 학력·학위가 인정되는 평생교육시설을 설치·운영할 수 있다(개정 2008.2.29, 2009.5.8).

원격대학의 설치자는 지방자치단체, 학교법인, 민법상의 재단법인, 특별법에 의한 비영리법인으로 한정하고 있으며, 원격대학의 명칭은 '원격', '사이버', '가상' 등 원격대학임을 나타내는 용어가 포함되어야 하고, 원격수업은 화상 강의, 인터넷 강의 등의 방법으로 하되, 원격수업의 보조방법으로 출석수업을 실시할 수 있으며 공개강좌와 시간제 등록도 할 수 있도록 규정되어 있다(한숭희, 2004). 원격대학은 2001년 3월 학사학위과정 7개 대학 및 전문학사학위과정 2개 대학이 처음으로 개교하였으며, 2002년에는 6개 대학이 설립인가를 받아 개교하였으며, 2003년에는 국제 디지털 대학이 추가 개교하였다.

이 외에도 사업장부설 기관, 시민사회단체부설, 학교부설, 언론기관부설 등이 있으며, 이들은 독립적인 교육서비스 기관이 아닌 모 기관에 부설되어 그 기능을 보조적으로 지원하는 평생교육기관이다.

평생교육법 제33조(원격대학형태의 평생교육시설)

① 누구든지 정보통신매체를 이용하여 특정 또는 불특정 다수인에게 원격교육을 실시하거나 다양한 정보를 제공하는 등의 평생교육을 실시할 수 있다.

③ 제1항에 따라 전문대학 또는 대학졸업자와 동등한 학력·학위가 인정되는 원격대학형태의 교육시설을 설치하고자 하는 경우에는 대통령령으로 정하는 바에 따라 교육과학기술부장관의 인가를 받아야 한다. 이를 폐쇄하고자 하는 경우에는 교육기술부장관에게 신고하여야 한다(개정 2008.2.29).

(4) 학습인증제도

학습인증제도란 학교교육 이외의 평생학습을 통해 습득한 성취결과를 객관적이고 공식적인 절차를 거쳐 평가하여 인정하는 제도를 말한다. 이 제도는 개인이 어디에서 어떻게 교육을 받았는지와 관계없이 개인이 소유한 지식이나 직업능력을 공식적으로 인정해 줌으로써 공식적인 학위나 자격을 부여하여 개인의 평생교육의 기회를 지원하고 학습의 결과를 인정받아 효과적으로 활용할 수 있도록 하는 데 목표가 있다. 그렇기 때문에 학습인증제도는 국민 누구나 개인의 능력을 평가 받을 수 있는 열린 체제로 구축되어 있는지, 개인의 평생학습에 대한 평가·인정·결과가 개인의 지속적인 자기개발이나 향상에 효과적으로 연결되고 있는지 등을 고려하여 시행되어야 한다(한숭희, 2004).

학습인증제도의 의의는 다음과 같다. 첫째, 학위 한 가지로 사람의 능력을 평가하는 것이 아니라 학습자가 습득한 다양한 학습경험들을 통해 그 사람의 능력을 평가하고 인정하는 것에 반영하는 것은 의미 있는 일이라 할 수 있다. 둘째, 성인들의 무형식학습 또는 경험학습에 기회와 의미를 인정해 주는 작업이라는 의미를 갖는다.

① 학점은행제

학점은행제는 학교에서뿐만 아니라 학교 밖에서 이루어지는 다양한 형태의 학습경험을 제도적 인정 기준과 절차에 따라 평가하여 학점이나 학력 또는 국가 자격 등과 같은 사회적으로 공인된 교육결과로 인정함으로써 궁극적으로 열린교육사회, 평생학습사회를 구현하기 위한 제도이다(교육개혁위원회, 1996).

학점은행제의 도입 배경은 첫째, 사회적 수요와 국민들의 필요를 반영하면서 양질의 교육 프로그램을 토대로 국민들에게 다양한 학습기회를 제공해 온 비정규 교육기관에 대한 국가적인 차원의 관심과 지원, 기관에서의 학습경험에 대한 공적 인정이 요구되기 때문이다. 둘째, UNESCO와 OECD 주요국에서는 학교와 직장에서의 경험이 상호연계 될 수 있는 체제를 갖추어 나가고 있기 때문이다. 셋째, 다양한 장소에서 학습에 참여하고 있는 국민들의 학습경험을 공적으로 인정함으로써 국민 전체의 교육력을 제고하고, 나아가 열린교육사회, 평생학습사회를 구현하는 것이 21세기 정보화 사회의 요청이기 때문이다(한숭희, 2004).

학점은행제가 갖고 있는 의미는 다음과 같다. 첫째, 개인들의 다양한 학습기회를 보장함으로써 학습권이 보장될 수 있으며, 대학에 진학하지 못한 성인들에게 대안적 방식의 고등교육기회를 제공함으로써 자기발전을 도모할 수 있는 기회를 확대했다. 둘째, 학교교육과 사회교육과의 연계를 강화하였으며, 통제와 지시지향의 교육체제에서 지원과 조정지향의 교육체제로의 전환을 갖고 왔다. 셋째, 학력 위주의 사회에서 능력과 자격 중심의 사회로 개편될 수 있는 여건을 조성하였다.

평생교육법 제34조(학점, 학력 등의 인정)

① 이 법에 따라 학력이 인정되는 평생교육과정 외에 이 법 또는 다른 법령의 규정에 따른 평생교육과정을 이수한 자는 「학점인정 등에 관한 법률」이 정하는 바에 따라 학점 또는 학력을 인정받을 수 있다.

② 평생학습 계좌제

평생학습 계좌제는 개인의 다양한 학습경험을 학습계좌(학습이력관리시스템)에 기록·누적하여 체계적인 학습설계를 지원하고 학습결과를 학력이나 자격인정과 연계하거나 고용정보를 활용할 수 있게 하는 제도이다.

평생교육법 제23조(학습계좌)

① 교육과학기술부장관은 국민의 평생교육을 촉진하고 인적자원의 개발·관리를 위하여 학습계좌(국민의 개인적 학습경험을 종합적으로 집중 관리하는 제도를 말한다)를 도입·운영할 수 있도록 노력하여야 한다(개정 2009.5.8).

이 외에도 학습인증제도에는 민간자격인증제, 직업능력인증제, 독학학위제 등 여러 가지 제도가 있어 학교교육 외의 교육을 통해서도 학습자가 개인의 자아를 실현할 수 있도록 돕고 있다.

생각의 나무

1. 다문화교육을 위해 우리는 교육내용, 교육방법 등에서 무엇을 준비해야 할지 생각해 봅시다.
2. 우리나라 평생교육의 발전을 위해 해야 할 일이 무엇일지 생각해 봅시다.
3. 대안교육이 왜 필요한지, 미래의 대안교육은 어떤 형태로 운영하는 것이 바람직한 것인지 생각해 봅시다.

참고문헌

강인수(1999). 교원의 권리와 의무. 교육마당21, 교육부.

강창동(1996). 한국 교육열의 사회학 특성에 관한 연구.

강창동(2009). 교육사회학의 이해. 서울: 학지사.

강희돈(1990). 한국사회에서 사회이동과 학교교육 역할탐색을 위한 변인 추출. 교육사회학연구, 1(1), 115-124.

공병호(1996). 시장경제란 무엇인가. 서울: 한국경제연구원.

곽수란(2006). 인문계 학생의 학업성취 결정요인. 교육사회학 연구, 16(2). 1-29.

권건일(2000). 교육학개론: 인간과 교육의 만남. 파주: 양서원.

권건일(2002). 교육학개론. 파주: 양서원.

김경근(2005). 한국사회 교육격차의 실태 및 결정요인. 교육사회학연구, 15(3), 1-27.

김병성(1998). 교육과 사회. 서울: 학지사.

김병성(2002). 교육사회학 이론 신강. 서울: 학지사.

김병성(2009). 교육과 사회. 서울: 학지사.

김병욱(2014). 교육사회학. 서울: 학지사.

김병희, 김경식, 김형구, 박형진, 윤주국, 이현철(2011). 교육사회학. 파주: 공동체.

김석우, 김대현(1999). 교육과 사회. 서울: 학지사.

김신일 외(1995). 시민의 교육화. 서울: 한길사.

김신일(2009). 교육사회학. 서울: 교육과학사.

김영철 외(1996). 한국 교육비전 2020-세기의 대전환. 서울: 한국교육개발원.

김인회 외(2000). 살며 배우며 가르치며. 서울: 학지사.

김정환(1982). 전인교육론. 서울: 세영사.

김종철(1991). 교육행정의 이론과 실제. 서울: 교육과학사.

김천기(2001). 한국 사회적 맥락에서 본 수준별 교육과정. 교육사회학연구, 11(3), 39-56.

김천기(2014). 교육의 사회학적 이해. 서울: 학지사.

김충기, 신현숙, 장선철(2001). 교육학개론. 서울: 동문사.

김홍규(2000). 최신 교육사회학. 서울: 형설출판사.

김희수(2011). 교육심리학. 서울: 신정출판사.

김희수(2014). 이해하기 쉽게 쓴 교육학개론. 서울: 동문사.

남궁용권(1990). 교육사 철학신강. 서울: 학문사.
남정걸(2001). 교육행정 및 교육경영. 서울: 교육과학사.
석태종(2004). 교육사회학. 서울: 교육과학사.
성용구(2012). 새로운 교육사회학. 서울: 태영출판사.
손순종(2003). 교육사회학. 서울: 문음사.
신용일(1998). 교육학개론 신강. 서울: 동문사.
여성가족부(2012). 보도자료(2011.12.13일자)
오기형(1983). 전인교육: 원리와 실제. 서울: 인간교육학회.
오욱환(1990). 학교교육과 불평등. 서울: 교육과학사.
오인탁(1990). 현대교육과 철학. 서울: 서광사.
유태용(1999). 문화란 무엇인가. 서울: 학연출판사.
윤정일 외(1997). 교육의 이해. 서울: 학지사.
이병승, 우영효(2001). 테마로 읽는 교육학(공저). 파주: 양서원.
이병환, 김영순(2008). 대안교육의 실천과 모색. 서울: 학지사.
이성호(1982). 교육과정: 개발전략과 절차. 서울: 문음사.
이종각(2004). 새로운 교육사회학 총론. 서울: 동문사.
이종각(2013). 교육사회학. 서울: 태영출판사.
주동범, 김정희, 정일환(2002). 교직과정을 위한 교육사회학. 서울: 원미사.
주동범, 김정희, 정일환(2013). 교육사회학. 서울: 동문사.
차경수(1983). 현대의 교육사회학. 서울: 학문사.
최정용, 양경숙(2006). 파주: 양서원.
최정웅(1987). 교육사상사. 서울: 학문사.
한국교육학회편(1983). 교육의 철학적 이해. 서울: 교육과학사.
한숭희(2005). 평생교육론: 평생학습사회의 교육학. 서울: 학지사.
한준상(1985). 교육사회학 이론과 연구방법론 서울: 문음사.
허은수, 유현성, 이수진, 인영화, 배석영(2012). 현대교육사회학 파주: 양서원.
황정규(1988). 학교학습과 교육평가. 서울: 교육과학사.

Adler, M. J.(1984). The Program. New York: Macmillan.

Allport, G.(1961). Pattern and Growth in Personality. New York: Holt, Rinehart & Iston.

Allport, G.(1961). Pattern and growth in personality. New York: Holt, Rinehart and winston, Inc.

Allport, G. W.(1962). Psychological model of Guidance. Harvard Educational Review, 32(4), 373-381.

Ames, C., Ames, R., & Felker, D. W.(1977). Effects of competitive reward structure and valence of outcome on children's achievement attributions. Journal of Educational Psychology, 69, 1-8.

Amstrong, D. G. et al.(1978). Education: An Introduction. New York: Macmillan Publishing Co., Inc.

Ausubel, D. P.(1963). The Psychology of Meaningful Verbal Learning: An Introduction to School to Learning. New York: Grune & Stratton, Inc.

Bandura, A.(1977). Self-efficacy: Toward a unified theory of behavioral change. Psychological Review. 84, 191-215.

Baumrind, D.(1978). A dialectical materist's perspective on knowing social reality. In W. Damon(Ed.), New directions for child development: Moral Development(No. 2, pp. 61-82). San Francisco: Jossey-Bass.

Bloom, B. S.(1956) Taxonomy of Educational Objectives, Handbook I: The Cognitive Domain. New York: David Mckay.

Bloom, B. S.(1976). Human Characteristics and School Learning. New York: MaGrow Hill.

Borich, G. D., & Tombari, M. L.(1995). Educational Psychology. Harper Collins College Publisher.

Bowlby, J.(1969). Attachment and Loss. New York: Hogarth Press.

Brameld, T.(1955). Philosophy of Education in Cultural Perspective. N. Y.: The Dryden Press.

Breland, K., & Breland, M.(1961). The Misbehavior of Organisms. American Psychologist, 16, 681-684.

Brophy, J. E.(1983). Research on the self-fulfilling prophecy and teacher expectations, Jouranal of Educational Psychology, 75(5), 631-661.

Brophy, J. E., & Evertson, C. M.(1976). Learning from Teaching: A Developmental Perspective. Boston: Allyn and Bacon.

Brophy, J. E., & Good, J. L.(1974). Teacher-student Relationships: Causes and Consequences. New York: Holt, Rinehart and Wiston.

Bruner, J. S.(1960). Rhe Process of Education. Mass.: Harvard University Press.

Bruner, J. S.(1966). Toward a theory of Instruction. Cambridge, Mass.: Belknap Press.

Bruno, F. J.(1977). Human Adjustment and Personal Growth: Seven Pathways. New York: John Wiley & Sons.

Bugelski, B. R.(1964). The Psycology of Larning of Learning Applied to Teaching. New York: Bobbs-Merrill.

Colby, A., & Kohlberg, L.(1987). The measurement of moral judgement(Vols. 1-2). New York: Cambridge University Press.

Combs, A. W.(1962). Perceiving, Behaving, Becoming: Humanistic Approach to the Study of Persons. 1962 Yearbook. Washington, D. C.: Association for Supper vision and Curriculum Development.

Combs, A. W.(1965). The Professional Education of Teachers: A Perceptual View of Teacher Preparation. Boston: Allyn &Bacon, Inc.

Cooper, H. M., & Baron, R. M.(1977). Academic expectations and attributed Responsibility as Predictors of Professional Teacher's Reinforcement Behavior Journal of Educational Psychology, 68, 409-418.

Cronbach, L. J.(1977). Educational Psychology. New York: Harcourt Brace Jovanvich, Inc.

Cronbach, L. J., & Snow, R. E.(1977). Aptitudes and Instructional Methods: A Handbook for Research on Interactions. New York: Irvington.

David, E. H., & Edumund, V. S.(1974) Between Psychology and Education. Illinois: The Dryded Press.

Dembo, M. H.(1991). Applying Educational Psychology in the Classroom(4th ed.). Longman Publishing Group.

Dewey, J.(1944). Democracy and Education. New York: The Free Press.

Doyle, J. F.(1973). Educational Judgments: Papers in the Philosophy of Education. London and Boston: RKP.

Dunn, R., & Dunn. K.(1993). Teaching Secondary Students through Their Individual Leaning Styles-Practical Approaches for Grades, 7-12. Allyn and Bacon.

Elkind, D.(1976). Child Development and Education. New York: Oxford University Press.

Erikson, E. H.(1963). Childhood and Society. New York: Norton.

Erikson, E. H.(1968). Identity: Youth and Crisis. New York: Norton.

Finch, C.(1999). Curriculum Development in Vocational and Technical Education. Boston: Allyn and Bacon Inc.

Gage, N. L., & Berliner, D. C.(1979). Educational Psychology(2rd ed.). Chicago: Rand McNally.

Gagné, R. M.(1977). The Conditions of Learning. New York: Holt.

Gagné, R. M.(1977). The conditions of Learning(3rd ed). New York: Holt, Rinehart and winston.

Gagné, R. M., & Paradise, N. E.(1961). Abilities and Learning sets in Knowledge Adquistion. Psychological Monographs, 75, 14.

Gardner, H.(1983). Frames of mind: The theory of multiple intelligences. New York: Basic Books.

Gelman, R., & Bailargeon, R.(19983). A review of some Piagetian concepts. In P. Mussen (Ed.), Carmichel's manual of child psychology Vol. 3: Cognitive development(E. Markman & J. Flavell, moral education: Perspectives from Children's books. Xerox University Microfilms. 777-876.

Glaser, R.(1962). Psychology and Instructional Technology. In Glaser, R.(ed.), Training Research and Education, New York: John Wiley & Sons, Inc.

Gronlund, N. E.(1981). Measurement and Evaluation in Teaching(4th ed.). N.Y: Macmillan Publishing Co. Inc.

Guilford, J. P.(1967). The Nature of Human Intelligence. New York: McGraw-Hill.

Hutchins, R. M.(1936). The Higher Learning in America. Conn.: Yale University Press.

Jensen, A. R.(1969). How Much can we boost IQ and scholastic achievement. Havard Educational Review, 9, 1-123.

Jung, C. G.(1954). The Development of Personality. New York: Pantheon.

Kahl, J. A.(1963). Education and Occupational Aspiration of Common Man and Boys. Harvard Educational Review, 23, 186-203.

Kneller, G. F.(1971). Introduction to the Philosophy of Education. second edition. N.Y.: John Wiley & Sons.

Kohlberg, L., Power, F. C., & Higgins, A.(1989). Lawrence Kohlberg's approach to moral education. New York: Columbia University Press.

Langford, G., & O's Connor. D. J.(1973). New Essays in the Philosophy of Education. London: RKF.

Langton, K. P.(1969). Political Socialization. New York: Oxford University Press.

Lerner, R. M.(1978). Nature, Nurture, and dynamic interactionism. Human Development, 21, 1~20.

Liberman, M.(1960). Education as Progression. N.j.: Englewood Cliff Prentice-Hall.

Lucas, C. J.(1969). What is Philosophy of Education. N.Y.: Macmillan Co.

Mahler, M. S., Pine, F., & Bergman, A.(1975). The psychological Birth of the Human Infant. New York: Basis Book.

Malsow, A. H.(1970). Motivation and personality. Rev. ed. New York: Harper & Row.

Marsh, H. W.(1990). Causal ordering of academic self-concept and academic achievement: a multiwave, longitudinal panel analysis, Journal of Educational Psychology, 82, 646-656.

Maslow, A. H.(1968). Toward a Psychology of Being. 2nd ed. New York: McGrawHill.

Newman, B. M., & Newman, P. R.(1990). Development through Life: A Psychological Approach. Homewood, Illinois: The Dorsey Press.

Nielsen, L.(1993). Students from divorced and blended families. Educational Psychology Review, 177-199.

Peters, R. S.(1966). Ethics and Education. London: George Allen and Unwin.

Peters, R. S.(1973). The Philosophy of Education. Oxford: Oxford University Press.

Piaget, J.(1970). Piaget's theory. In P. H. Mussen(ed.), Carmecahll's manual of child psychology(3rd ed.). pp.703-732, New York: Wiley

Pintrich, P. R., & Schunk, D. H.(1995). Motivation in education: Theory, research, and application. Englewood Cliffs, NJ: Prentice Hall.

Russell, B.(1926). On Education. London: GAU.

Sternberg, R. J.(1986). The triarchic mind: A new theory of human intelligence. New York: Veking.

Taba, H.(1962). Curriculum Development: Theory and Practice. New York: Harcourt and World.

Tapper, T.(1976). Political Education and Stability. New York: John Wiley and Sons.

Torrance, E. P.(1988). "Creativity as Manifest in Testing". In. R. J. Sternberg(ed.), The Nature of Creativity: Contemporary Psychological Perspectives. NY: Cambridge University Press, 43-95.

Tyler, R.(1949). Basic Principles of Curriculum and Instruction. Chicago: University of Chicago Press.

Witkin, H. A., & Goodenough, D. R.(1977). Field dependence and interpersonal behavior. Psycological Bulleyin, 84, 661-689.

찾아보기

B~L

M~W

저자소개

• 김 희 수

중앙대학교대학원 교육학과 교육학박사

중앙교육과학연구소 책임연구원

연세대학교 교육연구소 객원연구원

현) 동원과학기술대학교 유아교육과 교수

교수학습개발센터·NCS지원센터 센터장

한국실천유아교육학회 편집위원장

한국열린유아교육학회 편집위원

• 홍 성 훈

중앙대학교대학원 교육학과 교육학박사

미국 Boise State University 교환교수

건양대학교 평생교육원장, 교직학부장 등

현) 건양대학교 아동보육학과 교수

교육대학원 교육행정전공 주임교수

한국교육학회 정회원

• 최 정 선

명지대학교대학원 아동학과 아동학박사

인천재능대학교 유아교육과 겸임교수

현) 대구미래대학교 유아교육과 교수

한국실천유아교육학회 이사

한국열린유아교육학회 정회원

한국보육학회 정회원

• 이 정 미

부산대학교대학원 교육학과 박사과정 수료

부산대학교대학원 교육학과 교육학석사

동부산대학교 원격평생교육원 연구원

현) 동원과학기술대학교 교수학습개발센터

·NCS 지원센터 연구교수

한국실천유아교육학회 간사

한국열린유아교육학회 정회원

교육사회학

초판 1쇄 발행 / 2015년 7월 31일
초판 2쇄 발행 / 2018년 8월 31일

•

공저자 / 김희수 · 홍성훈 · 최정선 · 이정미
발행인 / 이 중 수
발행처 / **동 문 사**

•

서울특별시 서대문구 홍제원 1길 12
(홍제동 137-8)
Tel : 02)736-3718(대), 736-3710, 3720
Fax : 02)736-3719
등록번호 : 제9-17호
가격 : 17,000원

•

ISBN : 978-89-8251-747-1(93370)
E-mail : dong736@naver.com
www.dongmunsa.com